GÜNTER KOHLMANN

Das subjektiv-öffentliche Recht auf fehlerfreien Ermessensgebrauch

NEUE KÖLNER RECHTSWISSENSCHAFTLICHE ABHANDLUNGEN

HERAUSGEGEBEN VON
DER RECHTSWISSENSCHAFTLICHEN FAKULTÄT
DER UNIVERSITÄT ZU KÖLN

HEFT 34

Berlin 1964

WALTER DE GRUYTER & CO.
vormals G. J. Göschen'sche Verlagshandlung · J. Guttentag, Verlagsbuchhandlung
Georg Reimer · Karl J. Trübner · Veit & Comp.

Das subjektiv-öffentliche Recht auf fehlerfreien Ermessensgebrauch

Von

Dr. Günter Kohlmann

Köln

Berlin 1964

WALTER DE GRUYTER & CO.

vormals G. J. Göschen'sche Verlagshandlung · J. Guttentag, Verlagsbuchhandlung
Georg Reimer · Karl J. Trübner · Veit & Comp.

Archiv-Nr. 27 08 64 4

Satz und Druck: Saladruck, Berlin 65

Meinen Eltern
als bescheidenes Zeichen
des Dankes

VORWORT

Die vorliegende Schrift wurde im Sommer 1960 abgeschlossen. Bis zu diesem Zeitpunkt sind die einschlägige Literatur und das Schrifttum berücksichtigt.

Bei der Drucklegung im Jahre 1964 stellte sich für den Verfasser die Frage, ob die damals entwickelte Auffassung noch aufrecht zu erhalten ist. Er mußte sich weiter damit auseinandersetzen, ob für das behandelte Problem noch Interesse erwartet werden kann.

Nach eingehenden Überlegungen, insbesondere aber nach Prüfung des inzwischen erschienenen Schrifttums und der ergangenen Urteile besteht keine Veranlassung, von den gefundenen Ergebnissen hinsichtlich der dogmatischen Begründbarkeit des subjektiv-öffentlichen Rechts auf fehlerfreien Ermessensgebrauch, seiner praktischen Bedeutung sowie des Bedürfnisses nach der Schaffung einer solchen Rechtsfigur abzurücken.

Auch darf heute noch ein gewisses Interesse für den Untersuchungsgegenstand erwartet werden, zumal sich eine einheitliche Meinung bislang nicht herauskristallisiert hat. Während beispielsweise Martens (JuS 62, 245 f.) meint, es sei heute mit der in Schrifttum und Rechtsprechung herrschenden Auffassung von der Existenz eines aus Art. 3 GG ableitbaren subjektiv-öffentlichen Rechts auf fehlerfreien Ermessensgebrauch auszugehen, vertritt Kamm (JuS 61, 146 f.) den Standpunkt, im Verwaltungsprozeß sei mit einem formellen Recht auf fehlerfreien Ermessensgebrauch nichts anzufangen. Andererseits erkennt das Bundesverwaltungsgericht (vgl. z. B. in DVBl. 61, 125 m. Anm. v. Bachof) ein solches Recht in ständiger Rechtsprechung an.

Schließlich war zu erwägen, ob es nicht erforderlich sei, die Arbeit hinsichtlich Literatur und Rechtsprechung auf den neuesten Stand zu bringen. Das hätte sicherlich dann geschehen müssen, wenn in der Zeit seit Fertigstellung der Schrift bislang unbekannte Gesichtspunkte für oder gegen die Existenz des Untersuchungsgegenstandes in die Untersuchung eingeführt worden wären. Da das aber — soweit ersichtlich — nicht der Fall ist, konnte auf eine Ergänzung verzichtet werden. Auch gegenüber den nach 1960 erschienenen Stellungnahmen, die ohnehin nicht zahlreich sind, gelten, soweit sie sich für die Anerkennung eines subjektiv-öffentlichen Rechts auf fehlerfreien Ermessensgebrauch aussprechen, die in der Arbeit erhobenen Bedenken.

Zur Erleichterung für den Leser wurde der Wortlaut der in der Schrift ausführlicher behandelten §§ 23, 24 MRVO 165, 35, 36 VGG und 15 BVerwGG als Anhang beigefügt.

G. Kohlmann

INHALTSÜBERSICHT

Vorwort VII
Literaturverzeichnis XI

ERSTES KAPITEL

Einleitung

§ 1. Die Erreichung eines „lückenlosen Rechtsschutzes" als Ziel des deutschen Verwaltungsrechts der Gegenwart 1

§ 2. Die Vervollkommnung der Verwaltungskontrolle durch Einführung neuer Rechtsinstitute 3

I. Der Gegenstand der Untersuchung an Hand von Beispielen aus der verwaltungsgerichtlichen Praxis 4

II. Die Notwendigkeit von Begriffsklärungen 6

III. Methode der Untersuchung 9

ZWEITES KAPITEL

Die Grundbegriffe

§ 3. Das subjektiv-öffentliche Recht 12

I. Einleitung: Die Abhängigkeit des Begriffs von und seine Wechselbeziehungen zu der jeweiligen politischen, wirtschaftlichen und sozialen Situation 12

II. Das subjektiv-öffentliche Recht in seinem Verhältnis zu einzelnen Staatsformen 13

1. Der Polizeistaat und das subjektiv-öffentliche Recht 13

2. Der liberale Rechtsstaat und das subjektiv-öffentliche Recht 14

a) Ausgangspunkt: Die grundlegende Theorie von C. F. Gerber 14

b) Die Systematisierung des Begriffs durch Georg Jellinek und der Streit um seine Anerkennung . . 15

c) Die Definition Bühlers 18

d) Der „Gesetzesvollziehungsanspruch" Fleiners . . 18

e) Die Gemeinsamkeiten der verschiedenen Theorien . 19

3. Der nationalsozialistische „Gemeinschaftsgedanke" und das subjektiv-öffentliche Recht 21

4. Das subjektiv-öffentliche Recht und das Grundgesetz 22

a) Die Abkehr des Grundgesetzes vom extremen „liberalistischen Individualismus" 22

b) Der Sozialstaatsgedanke 23

c) Der Einfluß des Sozialstaatsgedankens auf das subjektiv-öffentliche Recht 25

III. Anhang: Das subjektiv-öffentliche Recht und der Reflex objektiven Rechts 29

1. Herkunft und Definition des Rechtsreflexes 29

2. Schwierigkeiten der Abgrenzung vom subjektiv-öffentlichen Recht 30

3. Kriterien der Abgrenzung 31

4. Zusammenfassung 33

§ 4. Das Ermessen 35

I. Begriffsbestimmung für die praktische Rechtsanwendung und der Grundsatz der Pflichtmäßigkeit 35

II. Die verfassungsrechtliche Problematik 36

1. Ermessensausübung und Grundgesetz 37

2. Unbestimmte Ermächtigungen und Art. 19 Abs. 4 . . 38

3. Das grundrechtseinschränkende Ermessen 39

III. Die Ermessensfehlerhaftigkeit 40

DRITTES KAPITEL

Die möglichen materiell-rechtlichen Grundlagen des subjektiv-öffentlichen Rechts auf fehlerfreien Ermessensgebrauch

§ 5. Das subjektiv-öffentliche Recht auf fehlerfreien Ermessensgebrauch als Unterfall eines öffentlich-rechtlichen Unterlassungsanspruchs 43

I. Die Frage nach der materiell-rechtlichen Grundlage eines allgemeinen öffentlich-rechtlichen Unterlassungsanspruchs und Art. 2 Abs. 1 GG 45

II. Der Grundrechtscharakter des Art. 2 Abs. 1 GG 46

1. Zum Grundrechtsbegriff 46

2. Anwendung des Grundrechtsbegriffs auf Art. 2 Abs. 1 GG 51

3. Art. 2 Abs. 1 GG als „Anspruchsgrundlage" 54

III. Ergebnis 59

§ 6. Das subjektiv-öffentliche Recht auf fehlerfreien Ermessensgebrauch als selbständiger Anspruch 60

I. Die unterschiedliche Eignung von Normen für den Zweck der Untersuchung 60

II. Die für den Untersuchungszweck geeignet erscheinenden Gesetzesvorschriften aus dem deutschen Recht 62

1. Von der Bundesverwaltungsgerichtsordnung verdrängte Normen des Verwaltungsstreitverfahrens 62

a) § 23 MRVO 165 und §§ 35, 36 VGG 62

b) § 24 MRVO 165 71

c) § 15 Abs. 2 Bundesverwaltungsgerichtsgesetz . . . 74

2. § 114 Verwaltungsgerichtsordnung 75

III. Für den Untersuchungszweck geeignet erscheinende Gesetzesvorschriften außerdeutschen Rechts 75

IV. Die für den Untersuchungszweck geeignet erscheinenden Normen des deutschen Verfassungsrechts 79

1. Die Ermessenskontrolle regelnde Normen einzelner Länderverfassungen 79

2. Einzelne „Grundrechte" des Bonner Grundgesetzes . . 79

a) Das „Recht auf Gleichbehandlung" des Art. 3 Abs. 1 GG 80

b) Das „Petitionsrecht" des Art. 17 GG 93

c) Das „Recht auf Justizgewährung" des Art. 19 Abs. 4 GG 96

§ 7. Abschließende Erwägungen 100

ANHANG 103

LITERATURVERZEICHNIS

	Zitiert:
Adamovich, Ludwig Grundriß des österreichischen Verfassungsrechts, 4. Aufl., Wien, 1947	Grundriß
Apelt, Willibalt Geschichte der Weimarer Verfassung, München, 1946	Weimarer Verf.
Apelt, Willibalt Die Gleichheit vor dem Gesetz nach Art. 3 Abs. 1 des Grundgesetzes, in JZ 51, 353 ff.	a. a. O.
Bachof, Otto Verfassungswidrige Verfassungsnormen? Tübingen, 1951	Verfassungsnormen
Bachof, Otto Reflexwirkungen und subjektive Rechte im öffentlichen Recht, in Forschungen und Berichte aus dem öffentlichen Recht (Gedächtnisschrift für Walter Jellinek), S. 283 ff., München, 1955	Gedächtnisschrift
Bachof, Otto Beurteilungsspielraum, Ermessen und unbestimmter Rechtsbegriff im Verwaltungsrecht, in JZ 55, 98	JZ
Bachof, Otto Die verwaltungsgerichtliche Ermessenskontrolle, in SJZ 48, Sp. 742 ff.	Ermessenskontrolle
Bachof, Otto Die verwaltungsgerichtliche Klage auf Vornahme einer Amtshandlung, Tübingen, 1951	Klage

Zitiert:

Bachof, Otto
Begriff und Wesen des sozialen Rechtsstaates.
Der soziale Rechtsstaat in verwaltungsrechtlicher Sicht,
in Veröffentlichungen der Vereinigung Deutscher
Staatsrechtslehrer, Heft 12, 37—84,
Berlin, 1954 — Rechtsstaat

Bauer
Anmerkung zu einem Urteil des VGH Stuttgart,
in SJZ 47, 393 ff. — a. a. O.

Bettermann, Carl August
Verwaltungsakt und Richterspruch,
in Forschungen und Berichte aus dem öffentlichen
Recht (Gedächtnisschrift für Walter Jellinek), S. 361 ff.,
München, 1955 — Gedächtnisschrift

Böhmer, Gustav
Grundlagen der Bürgerlichen Rechtsordnung,
1. Buch: Das bürgerliche Recht als Teilgebiet der
Gesamtrechtsordnung,
Tübingen, 1950 — Grundlagen

Bornhak, Conrad
Grundriß des Verwaltungsrechts in Preußen
und dem Deutschen Reich,
7. Aufl., Leipzig und Erlangen, 1921 — Grundriß

Bühler, Ottmar
Die subjektiv-öffentlichen Rechte und ihr Schutz
in der deutschen Verwaltungsrechtsprechung,
Berlin—Stuttgart—Leipzig, 1914 — Subj. öff. Rechte

Bühler, Ottmar
Altes und Neues über Begriff und Bedeutung
der subjektiv-öffentlichen Rechte,
in Forschung und Berichte aus dem öffentlichen Recht
(Gedächtnisschrift für Walter Jellinek), S. 269 ff.,
München, 1955 — Gedächtnisschrift

Coing, Helmut
Grundsätzliches zur Rückwirkung von Gesetzen,
in ‚Der Betriebsberater', 1954, 137 ff. — BB

Dernburg, Heinrich
Das bürgerliche Recht, Bd. I,
Halle, 1902 — a. a. O.

	Zitiert:
Dersch Art. 19 Abs. 4 GG und die Sozialgerichtsbarkeit, in RdA 52, 301 ff.	a. a. O.
Dürig, Günter „Bedürfnis“ und „öffentliches Interesse“ als Rechtsbegriffe, in JZ 53, 535 ff.	JZ
Duez, Paul und Debeyre, Guy Traité de droit administratif, Paris, 1952	a. a. O.
Engisch, Karl Logische Studien zur Gesetzesanwendung, Heidelberg, 1943	Studien
Engisch, Karl Einführung in das juristische Denken, Stuttgart, 1960	Einführung
Enneccerus-Nipperdey Allgemeiner Teil des Bürgerlichen Rechts, 14. Aufl., Tübingen, 1952	a. a. O.
Eyermann-Fröhler Verwaltungsgerichtsgesetz für Bayern, Bremen, Hessen und Württemberg-Baden, 2. Aufl., München und Berlin	a. a. O.
Fachinger Überschreitung und Fehlgebrauch des Verwaltungsermessens, in NJW 1949, 244	a. a. O.
Fechner, Erich Freiheit und Zwang im sozialen Rechtsstaat, Tübingen, 1953	Rechtsstaat
Fleiner, Fritz Institutionen des deutschen Verwaltungsrechts, 8. Aufl., Tübingen, 1928	Institutionen
Flume, Werner Steuerwesen und Rechtsordnung, in Festschrift für Smend, S. 59 ff., Göttingen, 1952	a. a. O.

	Zitiert:
Forsthoff, Ernst Lehrbuch des Verwaltungsrechts, 6. Aufl., München und Berlin, 1956	Lehrbuch
Forsthoff, Ernst Begriff und Wesen des sozialen Rechtsstaates. Der soziale Rechtsstaat in verfassungsrechtlicher Sicht, in Veröffentlichungen der Vereinigung deutscher Staatsrechtslehrer, Heft 12, 8—36, Berlin, 1954	Rechtsstaat
Friesenhahn, Ernst Die rechtsstaatlichen Grundlagen des Verwaltungsrechts, in Recht, Staat, Wirtschaft, Bd. 2, 239 ff.	a. a. O.
Geiger, Willi Grundrechte, in Staatslexikon, herausgegeben von der Görres-Gesellschaft, Sp. 1122 ff.	Grundrechte
Geller-Kleinrahm Die Verfassung des Landes Nordrhein-Westfalen, Göttingen, 1950	a. a. O.
Gerber, C. F. Über öffentliche Rechte, 1852	a. a. O.
Gerber, Hans Die Sozialstaatsklausel des Grundgesetzes, in ArchöffR 81, 1—54	Sozialstaats-klausel
Gierke, Otto Deutsches Privatrecht, Bd. I, München und Leipzig, 1895	a. a. O.
Giesges Die Verwaltungsgerichtsbarkeit in Hamburg, Hamburg, 1948	a. a. O.
Gneist Der Rechtsstaat und die Verwaltungsgerichte in Deutschland, 3. Aufl., Darmstadt, 1958	Rechtsstaat

Zitiert:

Hamann, Andreas
Willkür im objektiven Sinne,
in NJW 56, 370 — Willkür

Hatschek, Julius
Lehrbuch des deutschen und preußischen Verwaltungsrechts,
3. und 4. Aufl., Leipzig, Erlangen, 1924 — a. a. O.

Haueisen
Das formelle subjektiv-öffentliche Recht im Verwaltungsprozeß, insbesondere das Recht auf fehlerfreie Ausübung des Ermessens,
in DVBl 52, 521 ff. — a. a. O.

Heller, Hermann
Die Souveränität,
Berlin und Leipzig, 1927 — a. a. O.

Herrnritt, Rudolf Hermann
Grundlehren des Verwaltungsrechts,
Tübingen, 1921 — Grundlehren

Hesse, Karl
Der Gleichheitsgrundsatz im Staatsrecht,
in ArchöffR 77, 167 ff. — a. a. O.

Hippel, Ernst v.
Geschichte der Staatsphilosophie in Hauptkapiteln,
I. und II. Band, Meisenheim am Glan, 1957 — a. a. O.

Huber, Ernst Rudolf
Wirtschaftsverwaltungsrecht, Bd. I und II,
2. Aufl., Tübingen, 1953 und 1954 — a. a. O.

Ihering, Rudolf v.
Der Geist des römischen Rechts,
Bd. 3, 8. Aufl., Darmstadt 1953—54 — Geist

Ipsen, Hans Peter
Gleichheit,
in Neumann-Nipperdey-Scheuner, Die Grundrechte,
2. Bd., S. 111 ff., Berlin, 1954 — Gleichheit

	Zitiert:
Jahrreiß, Hermann Mensch und Staat, Köln—Berlin, 1957	Mensch u. Staat
Jahrreiß, Hermann Die Rechtspflege im Bonner Grundgesetz, in Verhandlungen des 37. Deutschen Juristentages, Tübingen, 1950	a. a. O.
Jellinek, Georg System der subjektiv-öffentlichen Rechte, 2. Aufl., Tübingen, 1919	System
Jellinek, Walter Gesetz, Gesetzesanwendung und Zweckmäßigkeitserwägungen, Tübingen, 1913	Gesetz
Jellinek, Walter Verwaltungsrecht, 3. Aufl., Offenburg, 1948	Verwaltungs- recht
Jellinek, Walter Besprechung von Bühler, Die subjektiv-öffentlichen Rechte und ihr Schutz in der deutschen Verwaltungsrechtsprechung, in ArchöffR 32, 580 ff.	Besprechung
Kaufmann, Erich Die Gleichheit vor dem Gesetz im Sinne des Art. 109 der Reichsverfassung, in Veröffentlichungen der Vereinigung Deutscher Staatsrechtslehrer, Heft 3, 2—23, Berlin—Leipzig, 1927	a. a. O.
Kelsen, Hans Hauptprobleme der Staatsrechtslehre, entwickelt an der Lehre vom Rechtssatze, Tübingen, 1911	Haupt- probleme
Klein, Friedrich Bonner Grundgesetz und Rechtsstaat, in ZgesStW 1950, S. 390 ff.	Rechtsstaat
Klein, Friedrich Tragweite der Generalklausel in Art. 19 Abs. 4 des Bonner Grundgesetzes, in Veröffentlichungen der Vereinigung Deutscher Staatsrechtslehrer, Heft 8, 67—125, Berlin, 1950	Tragweite

Zitiert:

Klinger, Hans
Die Verordnung über die Verwaltungsgerichtsbarkeit in der britischen Zone, Göttingen, 1953 — a. a. O.

Klinger, Hans
Kommentar zur Verwaltungsgerichtsordnung, Göttingen, 1960 — VerwGO

Koehler, Alexander
Verwaltungsgerichtsordnung, Berlin und Frankfurt, 1960 — a. a. O.

Koellreutter, Otto
Das Verwaltungsrecht im nationalsozialistischen Staat, in DJZ 34, Sp. 625 ff. — a. a. O.

Krüger, Herbert
Neues zur Freiheit der Persönlichkeitsentfaltung und deren Schranken, in NJW 55, 201 — a. a. O.

Krüger, Herbert
Der Verwaltungsrechtsschutz im besonderen Gewaltverhältnis, in NJW 1953, 1369 ff. — Gewaltverhältnis

Krüger, Hildegard
Der Gleichbehandlungsgrundsatz als Rechtsgrundlage öffentlich-rechtlicher Gruppenrechte, in DVBl 55, 178 ff. und 208 ff. — Gruppenrechte

Laband, Paul
Das Staatsrecht des Deutschen Reiches, Bd. I, 4. Aufl., Tübingen und Leipzig, 1901 — Staatsrecht

Laun, Rudolf v.
Bemerkungen zum freien Ermessen und zum détournement de pouvoir im staatlichen und im Völkerrecht, in Festschrift für H. Kraus, S. 128 ff., Kitzingen, 1954 — Festschrift

Laun, Rudolf v.
Das freie Ermessen und seine Grenzen, Leipzig und Wien, 1910 — Ermessen

	Zitiert:
Leibholz, Gerhard Die Gleichheit vor dem Gesetz, 2. Aufl., München und Berlin, 1959	Gleichheit
Löwenstein, Karl Verfassungslehre, Tübingen, 1959	Verfassungs- lehre
Mangoldt-Klein, v. Das Bonner Grundgesetz, Kommentar, 2. Aufl., Berlin und Frankfurt/M, 1955 ff.	a. a. O.
Marcic, René Vom Gesetzesstaat zum Richterstaat, Wien, 1957	a. a. O.
Maunz, Theodor Das Ende des subjektiv-öffentlichen Rechts, in ZgesStW 96, 71 ff., Tübingen, 1936	a. a. O.
Maunz, Theodor Deutsches Staatsrecht, 9. Aufl. 1959, München und Berlin	Staatsrecht
Maunz-Dürig Grundgesetz, Kommentar, Lieferung 1 und 2, München und Berlin, 1959	a. a. O.
Mayer, Otto Deutsches Verwaltungsrecht, Bd. 1, 3. Aufl., 1924, Bd. 2	a. a. O.
Menger, Christian Friedrich Anmerkung zu einem Urteil des BVerwG v. 27. 2. 1957, in DVBl 57, 683 ff. (684)	a. a. O.
Menger, Christian Friedrich Der Begriff des sozialen Rechtsstaates im Bonner Grundgesetz, Tübingen, 1953	Rechtsstaat
Merkl, Adolf Allgemeines Verwaltungsrecht, Wien und Berlin, 1927	a. a. O.

Zitiert:

Meyer-Hentschel
Reform der Verwaltungsgerichtsbarkeit als Teilproblem der Verwaltungsreform, in VerwArch. 48, 142 — VerwArch.

Naumann, Richard
Anmerkung zu einem Beschluß des Württ.-Bad. VGH v. 25. 1. 1952, in DVBl 52, 406 — Anmerkung

Naumann, Richard
Anmerkung zu einem Urteil des OVG Münster v. 20. 3. 1950, in ArchöffR 77, 93 ff. — a. a. O.

Nawiasky, Hans
Allgemeine Rechtslehre als System der rechtlichen Grundbegriffe, 2. Aufl., Einsiedeln—Zürich—Köln, 1948 — Rechtslehre

Nawiasky, Hans
Die Gleichheit vor dem Gesetz im Sinne des Art. 109 der Reichsverfassung, in Veröffentlichungen der Vereinigung Deutscher Staatsrechtslehrer, Heft 3, 25—43, Berlin und Leipzig, 1927 — a. a. O.

Nebinger, Robert
Kommentar zur Verfassung für Württemberg-Baden, Stuttgart, 1948 — Kommentar

Nebinger, Robert
Verwaltungsrecht, Allgemeiner Teil, 2. Aufl., Stuttgart, 1949 — a. a. O.

Nipperdey, Hans-Carl
Die soziale Marktwirtschaaft, in Schriftenreihe der Landesvereinigung der industriellen Arbeitgeberverbände Nordrhein-Westfalens e. V., Heft Nr. 7, S. 27 ff. — Marktwirtschaft

Obermayer, Klaus
Die Untätigkeitsklage und das Recht auf Bescheid, in NJW 56, 361 — a. a. O.

	Zitiert:
Peters, Hans Lehrbuch der Verwaltung, Heidelberg, 1949	Lehrbuch
Peters, Hans Kombination verschiedener Verfassungsgrundsätze als Mittel der Verfassungsauslegung, in Karl-Arnold-Festschrift, Köln und Opladen	Karl-Arnold- Festschrift
Peters, Hans Auslegung der Grundrechtsbestimmungen aus der Geschichte, in Hist. Jahrb., 72. Jahrgang 1953, S. 457 ff.	Hist. Jahrb.
Peters, Hans Die freie Entfaltung der Persönlichkeit als Verfassungsziel, in Gegenwartsprobleme des internationalen Rechts und der Rechtsphilosophie, Festschrift für Rudolf Laun, S. 669 ff., Hamburg, 1953	Laun- Festschrift
Planitz, Hans Zur Ideengeschichte der Grundrechte, in: Nipperdey, Die Grundrechte und Grundpflichten der Reichsverfassung, 3. Band, S. 597 ff., Berlin 1929/30	a. a. O.
Regelsberger, Ferdinand Pandekten, I. Bd., Leipzig, 1893	a. a. O.
Ruck, Erwin Schweizerisches Verwaltungsrecht, Bd. 1 und 2, 3. Aufl., Zürich, 1953	Lehrbuch
Schmitt, Carl Der Hüter der Verfassung, Tübingen, 1931	Hüter
Schmitt, Carl Verfassungslehre, 3. Aufl., Berlin, 1957	Verfassungs- lehre
Schmitt, Carl Unabhängigkeit der Richter, Berlin und Leipzig, 1926	Unabhängig- keit

Zitiert:

Steindorff, Ernst
Die Nichtigkeitsklage im Recht der Europäischen Gemeinschaft für Kohle und Stahl, Frankfurt, 1952 — a. a. O.

Tezner, Friedrich
Das détournement de pouvoir und die deutsche Rechtsbeschwerde, in Jahrb. öff. Rechts V, 1911, 67 ff. — Jahrbuch

Thoma, Richard
Die juristische Bedeutung der grundrechtlichen Sätze der deutschen Reichsverfassung im allgemeinen, in Nipperdey, Die Grundrechte und Grundpflichten der Reichsverfassung, Bd. 1, Berlin, 1929 — Bedeutung

Thoma, Richard
Das System der subjektiv-öffentlichen Rechte und Pflichten, in Anschütz-Thoma, Handbuch des Deutschen Staatsrechts, Bd. II, S. 607 ff., Tübingen, 1932 — System

Thoma, Richard
Ungleichheit und Gleichheit im Bonner Grundgesetz, in DVBl 51, 457 ff. — Gleichheit

Triepel, Heinrich
Goldbilanzverordnung und Vorzugsaktien, Berlin und Leipzig, 1924 — a. a. O.

Turegg, Kurt Egon Frh. v.
Lehrbuch des Verwaltungsrechts, 3. Aufl., Berlin, 1956 — Verwaltungsrecht

Turegg, Kurt Egon Frh. v.
Gefährliche und gefährdete Generalklausel, Berlin und Köln, 1956 — Generalklausel

Ule, Carl
Verwaltungsgerichtsbarkeit, Bd. I, 2. Halbbd., Köln und Berlin, 1960 — a. a. O.

Zitiert:

v. Werder-Labs-Ortmann
Das Verfahren vor den Verwaltungsgerichten, Kommentar zur Verordnung Nr. 165 über die Verwaltungsgerichtsbarkeit in der britischen Zone, Oldenburg, 1949 — a. a. O.

Werner, Fritz
Sozialstaatliche Tendenzen in der Rechtsprechung, in ArchöffR NF., Bd. 42, 84 ff. — ArchöffR

Wertenbruch, Wilhelm
Versuch einer kritischen Analyse der Rechtslehre Rudolf von Iherings, Berlin, 1955 — Versuch

Wertenbruch, Wilhelm
Grundgesetz und Menschenwürde, Ein kritischer Beitrag zur Verfassungswirklichkeit, Köln und Berlin, 1958 — Grundgesetz

Wertenbruch, Wilhelm
Der Grundrechtsbegriff und Art. 2 Abs. 1 GG, in DVBl 58, 481 ff. — Grundrechtsbegriff

Wertenbruch, Wilhelm
Die Freiheit der Persönlichkeitsentfaltung im Spiegel der Rechtsprechung, in: Die neue Ordnung, Heft 2, 1959, S. 126 ff. — Freiheit

Windscheid-Kipp
Lehrbuch des Pandektenrechts, Bd. 1—3, 8. Aufl., Frankfurt/M., 1900 — Lehrbuch

Wintrich, Josef Marquard
Zur Auslegung und Anwendung des Art. 2 Abs. 1 GG, in Staat und Bürger, Festschrift für Willibalt Apelt zum 80. Geburtstag, S. 1 ff., München—Berlin, 1958 — a. a. O.

Wolff, H. J.
Rechtsgrundsätze und verfassungsgestaltende Grundentscheidungen als Rechtsquellen, in Forschungen und Berichte aus dem öffentlichen Recht (Gedächtnisschrift für Walter Jellinek), S. 33 ff., München, 1955 — Gedächtnisschrift

Zitiert:

Wolff, H. J.
Verwaltungsrecht, Bd. I,
2. Aufl., München und Berlin, 1958 — Verwaltungsrecht

Wolff, H. J.
Der Abwendungsanspruch aus öffentlichen Reflexrechten, insbesondere im Fürsorgerecht, in: Festschrift zur Feier des 25jährigen Bestehens der Westfälischen Verwaltungsakademie in Münster und der Verwaltungs- und Wirtschaftsakademie Industriebezirk Sitz Bochum,
Münster—Berlin—Bad Godesberg, 1950 — Abwendungsanspruch

Zorn
Verwaltungsvereinfachung und Beamtenschaft, in Heft 13 der Schriftenreihe des Deutschen Beamtenbundes — a. a. O.

Erstes Kapitel

EINLEITUNG

§ 1
Die Erreichung eines „lückenlosen Rechtsschutzes" als Ziel des deutschen Verwaltungsrechts der Gegenwart

Unschwer läßt sich im deutschen Verwaltungsrecht der Gegenwart eine starke Entwicklung beobachten, die darauf hinausläuft, den Rechtsschutz, den die Verwaltungsgerichte gewähren sollen, möglichst vollkommen zu gestalten. Ausdruck dieses „Hanges zum perfekten Rechtsstaat" ist das Wort von der Lückenlosigkeit des Rechtsschutzes, das bereits den Charakter eines Schlagwortes angenommen hat und als solches geradezu ein Programm andeutet.

Diese Beobachtung ist nicht abzutun mit dem Bemerken, es handele sich um eine Erscheinung, deren Ursache in dem Auftrieb zu suchen sei, den die Verwaltungsrechtswissenschaft auf Grund der veränderten staatlichen Situation im letzten Jahrzehnt erfahren habe; denn die beobachtete Erscheinung ist zu stark, um noch als im Rahmen der natürlichen Entwicklung liegend angesehen werden zu können. Es wäre auch zu einfach, wollte man sie in erster Linie auf die „rechtswegfreundliche" Atmosphäre zurückführen, die durch das Grundgesetz, insbesondere durch Art. 19 Abs. 4 GG, geschaffen wurde[1]. Art. 19 Abs. 4 GG eröffnet subsidiär den Rechtsweg zu den ordentlichen Gerichten, wenn sich jemand in seinen Rechten verletzt fühlt, setzt also verletzbare Rechte voraus. In der Praxis hingegen begnügt man sich nicht damit, diese Verletzungen zu verhüten oder zu beseitigen, sondern versucht ständig, solche neuen verletzbaren „Rechte" zu schaffen. Auch die Einführung der verwaltungsgerichtlichen Generalklausel, von der Walter Jellinek[2] schon früh sagte, ihr gehöre die Zukunft, und die im Vergleich zum Enumerationsprinzip eine bedeutende Vervollkommnung des Rechtsschutzes bedeutet, vermag die Entwicklung im letzten nicht zu erklären.

Verstehbar ist diese Entwicklung als Reaktion auf das Verhalten der nationalsozialistischen Staatsführung, die bestrebt war, den Schutz des Bürgers vor rechtswidrigen Verwaltungsmaßnahmen möglichst einzu-

[1] Klein, Tragweite, S. 67 ff.
[2] Zitiert bei Bachof, Klage, S. VII.

schränken oder gar abzuschaffen. Was Bauer[3] als Grund für die Neuordnung der Verwaltungsrechtspflege ansieht, trifft auch auf die geschilderte Entwicklung zu. Es handelt sich um eine Reaktion gegen die negative Einstellung des Nationalsozialismus zu gerichtlichen Kontrollen der Verwaltungstätigkeit[4]. Der Versuch Sommers[5], diese rechtsschutzfeindliche Einstellung mit der Begründung zu rechtfertigen, der „Volksgenosse" werde mehr Vertrauen zu der Entscheidung eines Mannes haben, der Exponent der NSDAP sei, während der antinationalsozialistisch eingestellte Bürger in den Verwaltungsgerichten Schutzeinrichtungen gegen die ihm unangenehmen nationalsozialistischen Behörden sehen werde, gestattet einen kleinen Einblick in die Zustände, die durch die Verdrängung des „demoliberalen" gerichtlichen Verfahrens durch ein „staatsautoritatives"[6] herbeigeführt wurden. Auch die Gründung des Reichsverwaltungsgerichts am 3. April 1941 vermochte dem Bürger keinen Rechtsschutz vor der Verwaltung zu gewähren, handelte es sich doch bloß um eine organisatorische Zusammenfassung einiger oberster Spruchbehörden. Mit einem echten Reichsverwaltungsgericht, wie es Reformern vorschwebte, hatte es nur den Namen gemein[7].

Aus dem Wissen um die Gefahren völliger Rechtsschutzlosigkeit ist die Neigung zu verstehen, möglichst jedes Handeln eines Hoheitsträgers gerichtlich nachprüfbar zu machen, und es hat oft den Anschein, als ob man dabei bereits über das Ziel — diesmal ins andere Extrem — hinausschieße.

Da der Kreis der überprüfbaren Verwaltungsmaßnahmen ohnehin schon so weit gezogen ist, daß die Fälle öffentlich-rechtlichen Tätigwerdens, die einer verwaltungsgerichtlichen Kontrolle nicht unterliegen, nur noch eine verschwindende Ausnahme darstellen, kann es nur noch darauf ankommen, auch diese in den Kreis einzubeziehen.

Das zu erreichen, bemüht man sich auf verschiedenen Wegen. Einer davon ist, dem einzelnen gegenüber dem Staat immer mehr verwaltungsgerichtlich durchsetzbare Ansprüche einzuräumen. War es beispielsweise früher unbestritten, daß dem einzelnen ein Recht auf Ausübung des Gemeingebrauchs nicht zukomme[8], so meint Forsthoff[9] neuerdings, die Teilnahme des einzelnen am Gemeingebrauch sei derart rechtlich ver-

---

[3] a. a. O., S. 149.

[4] Die Meinung Kleins, Tragweite, S. 67 ff. (75), die Einstellung und Haltung seien uneinheitlich gewesen, erscheint kaum zutreffend; denn schon aus weltanschaulichen Gründen widersprach ein Schutz des Bürgers vor der Verwaltung nationalsozialistischem Gedankengut: Der Führer irrt nie. Eine Überprüfung des Handelns seiner Funktionsträger mußte überflüssig sein.

[5] Deutsches Verwaltungsblatt 37, 425.

[6] Böhmer, Grundlagen, S. 243.

[7] Klein, Tragweite, S. 67 ff. (75).

8 O. Mayer, a. a. O., II, S. 6 ff.; Fleiner, Institutionen, S. 375; Georg Jellinek, System, S. 70 ff.

[9] Lehrbuch, S. 324.

festigt, daß sie als ein Recht angesprochen werden müsse[10]. Sollte sich diese Meinung durchsetzen, und darauf deuten Beobachtungen der verwaltungsgerichtlichen Entwicklung hin, wäre bei Streitigkeiten über Fragen aus dem großen Gebiet der Benutzung öffentlicher Sachen der Weg zu den Verwaltungsgerichten geebnet. Auch den Fürsorgeanspruch, d. h. den Anspruch des Hilfsbedürftigen gegenüber dem Fürsorgeverband auf Gewährung öffentlicher Unterstützung, der lange Zeit nur als „Reflex objektiven Rechts" angesehen wurde, hat man sich nunmehr endgültig als subjektiv-öffentliches Recht anzusehen gewöhnt und macht ihn damit zum einklagbaren Anspruch[11].

So ließen sich die Beispiele beliebig vermehren. Man denke an das Bemühen, anstaltsrechtliche Fragen, die das besondere Gewaltverhältnis betreffen und nur als beschränkt verwaltungsgerichtlich nachprüfbar angesehen wurden, jetzt der Kontrolle der Verwaltungsgerichte zugänglich zu machen[12]. Es bliebe hinzuweisen auf einen anderen Weg, den Rechtsschutz lückenlos zu machen. Dieser stellt darauf ab, Ermessensbegriffe, die nur in genau vorgeschriebenen Fällen der Nachprüfung unterliegen, in unbestimmte Rechtsbegriffe umzudeuten, um sie auf diese Weise „justiziabel" zu machen. Hildegard Krüger[13] scheint diese Entwicklung zu begrüßen. Sie meint, wir stünden hier anscheinend auf dem Höhepunkt einer Entwicklung, für die Bühler seit 1914 und Drews seit 1931 Vorkämpfer seien.

Es mag bei den angeführten Beispielen bewenden, denn sie sind für den Gegenstand der Untersuchung nicht von überragendem oder gar ausschlaggebendem Interesse, sondern lassen ihn nur als eine Möglichkeit erkennen, den lückenlosen Verwaltungs-Rechtsschutz zu erzwingen.

§ 2
Die Vervollkommnung der Verwaltungskontrolle durch Einführung neuer Rechtsinstitute

Von Interesse hingegen ist ein anderer Weg, auf dem man versucht, den Kreis des nachprüfbaren Verwaltungshandelns zu erweitern. Es handelt sich um die Einführung neuer Rechtsinstitute.

[10] Dabei übersieht er, daß ein solches „Recht" viel zu unbestimmt wäre, als daß es überhaupt noch als Anspruch gelten könnte. Ein Anspruch in dem Sinne, daß die Behörde etwas in den Gemeingebrauch stelle, kommt nicht in Betracht, da es in ihrem pflichtgemäßen Ermessen steht, was dem Gemeingebrauch gewidmet werden soll. Zu denken wäre allenfalls an einen Unterlassungsanspruch, einer bestimmten Person den Gemeingebrauch zu verwehren. Das liefe auf ein Willkürverbot oder auf ein subjektiv-öffentliches Recht auf fehlerfreien Ermessensgebrauch hinaus.

[11] Vgl. statt aller BVerwG v. 24. 6. 54 in DÖV 54, 620 (621).

[12] Vgl. z. B. Krüger, Gewaltverhältnis, S. 1367 ff. (1371), der meint, man könne im besonderen Gewaltverhältnis nur darauf abstellen, ob Unrecht geschehen sei oder nicht. Eine weitergehende Formel läßt sich wohl kaum aufstellen, um die Justiziabilität des besonderen Gewaltverhältnisses zu erreichen.

[13] Gruppenrechte.

Als ein solches Rechtsinstitut stellt sich das subjektiv-öffentliche Recht auf fehlerfreien Ermessensgebrauch dar. Folgt man zunächst dem allgemeinen Sprachgebrauch, so ist dieses „Recht" darauf gerichtet nachzuprüfen, ob eine sachgerechte oder eine unter Einhaltung der gegebenen Verfahrensvorschriften bzw. allgemein anerkannter Verfahrensgrundsätze gefällte Ermessensentscheidung vorliegt. Es ist zuzugeben, daß dieses Rechtsinstitut keine Schöpfung des gegenwärtigen Verwaltungsrechts ist, findet es sich doch schon früh bei Bühler[14] in seiner 1914 erschienenen Monographie. Von diesem Zeitpunkt an taucht es hier und dort auf, ohne sich endgültig durchsetzen zu können. Erst die Nachkriegsentwicklung machte es wieder zum Gegenstand wissenschaftlicher Erörterungen. Mit ihm befaßt sich die vorliegende Arbeit.

I. Der Gegenstand der Untersuchungen an Hand von Beispielen aus der verwaltungsgerichtlichen Praxis

Zur Veranschaulichung des Untersuchungsgegenstandes und damit zur Erleichterung der Untersuchung sollen einige Beispiele aus der verwaltungsgerichtlichen Praxis vorausgeschickt werden.

Ein Dr. habil. beantragte bei einer Universitätsfakultät die Zulassung zum Habilitationsverfahren, insbesondere zur öffentlichen Probevorlesung. Das Gericht hat dem Antragsteller keinen Rechtsanspruch auf Zulassung zur Habilitation zugestanden, meinte jedoch, da die Vornahme der beantragten Amtshandlung im Ermessen der Fakultät liege, habe er ein subjektiv-öffentliches Recht auf fehlerfreie Ausübung dieses Ermessens gehabt[15].

In einem anderen Fall hatte die Klägerin die ärztliche Prüfung nicht bestanden, weil sie nicht binnen der Prüfungsfrist damit fertig geworden war. Nach der betreffenden Bestallungsordnung konnte die Prüfung, wenn sie aus diesem Grunde als nicht bestanden galt, nur ausnahmsweise aus besonderen Gründen wiederholt werden. Nach Ansicht des Gerichts hatte die Klägerin auf die Erteilung einer solchen Ausnahmegenehmigung keinen Rechtsanspruch. Sie zu erteilen stünde im pflichtgemäßen Ermessen der Behörde. Gleichwohl (!) könne die Klägerin im Wege der verwaltungsgerichtlichen Klage die ablehnenden Bescheide daraufhin überprüfen lassen, ob die Beklagte nach der alten Prüfungsordnung bei ihrer Entscheidung über eine Ausnahmegenehmigung ermessensfehlerhaft entschieden habe. Wenn die Vornahme einer Amtshandlung in das Ermessen der Behörde gestellt sei, habe der Antragsteller einen Rechtsanspruch darauf, daß die Behörde die Entscheidung frei von Rechtsfehlern und unter Berücksichtigung aller für die Entscheidung maßgeblichen Gesichtspunkte treffe. Dieser Anspruch, der hier allein in Betracht komme, sei im verwaltungsgerichtlichen Verfahren verfolgbar[16].

[14] Subjektive öffentliche Rechte, S. 158 (162 ff.).

[15] Beschluß des OVG Rheinland-Pfalz v. 13. 1. 1956 in JZ 56, 259 (260).

[16] Urteil des OVG Hamburg v. 2. 2. 1957 in VerwRspr. 9, 635 (636).

Das Landesverwaltungsgericht Minden[17] hatte folgenden Fall zu entscheiden: Ein beklagter Schuldirektor hatte, nachdem im Frühjahr 1951 die beigeladene Stadtverwaltung beschlossen hatte, die seit zwei Jahren bestehende dritte Sexta im Schuljahr 1951 nicht mehr offenzuhalten, im März 1951 auf Anweisung der Stadtverwaltung von den 137 Bewerberinnen, die die Aufnahmeprüfung bestanden hatten, nur 95 Schülerinnen nach dem Leistungsprinzip aufgenommen. Unter den abgelehnten Bewerberinnen befanden sich auch vier Töchter von Beamten des Eisenbahnzentral-Amtes (EZA). Ihre Eltern wandten sich an den Stadtdirektor und forderten unter Berufung auf eine Abmachung zwischen dem EZA und der Stadt die Aufnahme der Kinder. Sie erreichten, daß der Stadtdirektor den beklagten Schuldirektor anwies, diese Kinder aufzunehmen, was der Schuldirektor nach anfänglichem Widerstreben tat.

Dagegen wandte sich der Kläger, dessen Tochter trotz bestandener Aufnahmeprüfung wegen Überfüllung nicht in die Schule aufgenommen werden konnte. Nachdem das Gericht ein subjektiv-öffentliches Recht des Staatsbürgers auf Schulaufnahme von Kindern abgelehnt hatte, führt es aus, die Aufnahme der Bewerber in eine öffentliche höhere Schule stehe grundsätzlich im Ermessen des Schulleiters. Dieses Ermessen sei aber nicht — wie wenn ein Privatmann Einstellungen vornehme — gleichbedeutend mit freiem Belieben, sondern das freie Ermessen des Staates und der Verwaltungsbehörde erfordere ein objektives Verhalten gegenüber jedem Staatsbürger. Aus dieser objektiven Norm erwachse dem einzelnen ein subjektiv-öffentliches Recht auf fehlerfreien Ermessensgebrauch. Da im vorliegenden Falle der Kläger in Ausübung seines ihm nach § 1631 BGB zustehenden Erziehungsrechts die Aufnahme seiner Tochter in das Mädchengymnasium nachgesucht hätte, stehe ihm das subjektiv-öffentliche Recht darauf zu, daß über sein Aufnahmegesuch eine fehlerfreie Ermessensentscheidung ergehe. Das Gericht entsprach dem Klageantrag mit der Begründung, der Schulleiter habe den Gleichheitsgrundsatz verletzt, als er das Aufnahmegesuch des Klägers ablehnte. Sein Verhalten sei ermessensmißbräuchlich. Der Anspruch des Klägers auf ein von Ermessensmißbrauch freies Verhalten des Beklagten rechtfertige es, daß das Aufnahmegesuch bezüglich seiner Tochter in derselben Weise behandelt werden müsse, wie das der Eltern der vier EZA-Beamtenkinder.

Die drei genannten Entscheidungen, im Zusammenhang mit der gesetzlichen Regelung der Anfechtung von Ermessensentscheidungen gesehen, ergeben auf den ersten Blick folgendes Bild: Die Gerichte räumen dem Betroffenen ein Anfechtungsrecht ein, wenn er durch eine ermessensfehlerhafte Entscheidung im Sinne der einschlägigen Verwaltungsgerichtsordnungen „in seinen Rechten" beeinträchtigt ist. Sie gewähren dem Adressaten eines Verwaltungsaktes ein Anfechtungsrecht ferner dann, wenn nur feststeht, daß möglicherweise nicht ermessensfehlerfrei entschieden worden ist. Die Frage ist, ob eine solche „nicht ermessens-

---

[17] JZ 52, 490.

fehlerfreie Entscheidung" als Verletzung von Rechten des einzelnen anzusehen ist, die den bekannten, ausdrücklich normierten Ermessensfehlern der Verwaltungsgerichtsordnungen unterfällt. Dann läge nur ein spezieller Ermessensfehler vor, dem mit der Anfechtungsklage beizukommen wäre. Der Unterschied in den Formulierungen deutet bereits darauf hin, daß es sich hier um etwas Neues, etwas grundlegend Anderes handelt.

Es macht stutzig, daß nun von „nicht ermessensfehlerfreien" statt von „ermessensfehlerhaften" Entscheidungen die Rede ist, wie es bislang in der Terminologie des Verwaltungsrechts üblich war.

Andererseits spricht die Entscheidung des LVG Minden, wo der Schuldirektor nach den eindeutigen Feststellungen des Gerichts den Aufnahmeantrag ermessensmißbräuchlich abgelehnt hatte und der so beschiedene Kläger ohnehin nach dem zur Zeit der Entscheidung geltenden § 23 Abs. 3 MRVO 165 bzw. nach den anderen einschlägigen Verfahrensvorschriften die Anfechtungsklage hätte erheben können, für die Vermutung, daß es sich nur um zwei Bezeichnungen für dasselbe Rechtsinstitut handelt.

Gegen diese Vermutung sprechen wiederum die Urteile des OVG Rheinland-Pfalz und des OVG Hamburg. Hier ist kein Ermessensfehler ersichtlich, der zu einer Anfechtung berechtigte. Dennoch räumten die Gerichte dem Betroffenen die Möglichkeit ein überprüfen zu lassen, ob die Behörde ermessensfehlerfrei entschieden hat. Das bedeutet ein Hinausgehen über den Wortlaut der Verwaltungsgerichtsordnungen, zumindest aber eine Abkehr von der bislang geübten Praxis der Gerichte. Diese Urteile deuten darauf hin, daß sich das subjektiv-öffentliche Recht auf fehlerfreien Ermessensgebrauch nicht mehr ohne weiteres in die überkommenen Kategorien der Ermessensüberprüfung einordnen läßt; denn offensichtlich braucht der Adressat einer Ermessensentscheidung mit der Erhebung der Anfechtungsklage nicht mehr zu warten, bis ein Ermessensfehler evident wird und ihn „in seinen Rechten" beeinträchtigt. Er kann sich schon dann an die Gerichte wenden, wenn nicht gerichtlich entschieden ist, daß das Handeln der Behörde ihm gegenüber ermessensfehlerfrei gewesen ist. Es liegt der Schluß nahe, daß der Bereich der verwaltungsgerichtlichen Kontrollmöglichkeit erweitert wurde.

II. Die Notwendigkeit von Begriffsklärungen

Die angeführten Beispiele lassen m. E. auf eine erhebliche Unsicherheit von Literatur und Schrifttum über Begriff, Inhalt und Zweck des subjektiv-öffentlichen Rechts auf fehlerfreien Ermessensgebrauch schließen. Sie ist nur zu beseitigen, wenn es gelingt, den Begriff des subjektiv-öffentlichen Rechts auf fehlerfreien Ermessensgebrauch aufzuhellen und zu umgrenzen. Es läßt sich nämlich feststellen, daß er heute noch in zwei verschiedenen Bedeutungen Verwendung findet, die offenbar nicht scharf genug voneinander getrennt werden. Das führt zu Verwirrungen und Mißverständnissen.

Er wird einmal verstanden als Spezialfall eines sogenannten allgemeinen subjektiv-öffentlichen Unterlassungsanspruchs, zum anderen als selbständiger Anspruch, der auf ein Tun der angegangenen Behörde gerichtet ist.

Im ersten Sinne sind wohl die entsprechenden Äußerungen eines Teils des Schrifttums aufzufassen.

So kommt Hans J. Wolff[18] durch folgenden Gedankengang zu der Annahme, daß es sich beim subjektiv-öffentlichen Recht auf fehlerfreien Ermessensgebrauch nur um einen Spezialfall des allgemeinen Unterlassungsanspruchs handele: Jeder Person komme eine Rechtsstellung zu, deren Verletzung einen Anspruch auslöse. Sie ergebe sich aus dem objektiven Recht in Verbindung mit seiner sozial erheblichen Lebensstellung und habe sowohl Berechtigungen im weiteren Sinne als auch Verpflichtungen im weiteren Sinne zur Folge, die von einem Rechtssatz entweder unmittelbar oder in Verbindung mit weiteren Tatbeständen an die Rechtsstellung geknüpft seien[19]. Solche Verpflichtungen im weiteren Sinne sind für Wolff beispielsweise Ordnungs-, Polizei- und Finanzpflichten, während er zu den Berechtigungen zunächst einmal die sogenannten Freiheitsrechte als Ausfluß des „status negativus" rechnet, dann aber auch Destination, Gestattung, Verstattung[20] und schließlich das subjektiv-öffentliche Recht im engeren Sinne. Destination und Gestattung sollen deswegen zur Rechtsstellung einer Person gehören, weil entweder eine Person verpflichtet (Destination) oder berechtigt (Gestattung) werde. Während es nun im Privatrecht an einem Rechtssatz fehle, der einem Destinatär oder der gegen einen Gestattenden irgendeinen Anspruch gewähre, gebe es öffentlichrechtliche Sätze, die jedermann, also auch dem Reflexberechtigten im weiteren Sinne, Ansprüche gegen Behörden gewährten. Sie folgten daraus, daß die Behörden der öffentlichen Verwaltung nicht die gleiche Freiheit genössen wie Privatpersonen, sondern als unmittelbare oder mittelbare Staatsorgane verpflichtet seien, die Grundsätze der Verfassung und im Rechtsstaat insbesondere die des Rechts zu verwirklichen. Zur Geltendmachung im positiven Sinne seien die Zivilpersonen allerdings nicht berechtigt, sondern nur darauf beschränkt, negativ Duldungs- und Unterlassungsansprüche zur Abwehr von Beeinträchtigungen ihrer eigenen Rechtssphäre geltend zu machen. Zu diesen rechnet Wolff außer den Freiheitsrechten den Anspruch auf Duldung rechtmäßiger Betätigung, auf Unterlassung ungleicher Behandlung, auf Einhaltung des Instanzenzuges und auf Unterlassung fehlerhaften Ermessensgebrauchs. Wolff will alle diese Ansprüche zusammenfassen in dem öffentlichrechtlichen An-

---

[18] Abwendungsanspruch, S. 119 ff.; neuerdings auch Verwaltungsrecht, § 43, III.

[19] Abwendungsanspruch, S. 124.

[20] Das sind die Reflexrechte im engsten Sinne, bei denen weder eine bestimmte Person (oder Behörde) berechtigt, noch eine bestimmte Person (oder Behörde) verpflichtet ist.

spruch eines jeden auf Vermeidung der Beeinträchtigung seiner objektiven Rechtsstellung — einschließlich seiner Reflexrechte im weiteren Sinne — durch irgendeine Behörde (gegen diese Behörde). Da dieser Anspruch auf die Abwendung von Beeinträchtigungen der Rechtsstellung durch eine Behörde gerichtet sein soll, schlägt er vor, ihn „Abwendungsanspruch" zu nennen[21].

Ähnlich wie Wolff scheint auch Haueisen[22] der Auffassung zu sein, daß das subjektiv-öffentliche Recht auf fehlerfreien Ermessensgebrauch mindestens teilweise als Unterfall eines Unterlassungsanspruchs zu betrachten sei. Er führt aus, soweit es sich bei einem ermessensfehlerhaften Verwaltungsakt, durch den jemand unmittelbar betroffen werde, um einen belastenden Verwaltungsakt handele, werde mit dem Recht auf fehlerfreie Ausübung des Ermessens lediglich ein Unterfall des allgemeinen Rechts auf Unterlassung gesetzwidriger Eingriffe geltend gemacht. Als Beispiel bringt er den Fall einer Wohnungseinweisung. Habe eine Behörde einen Obdachlosen für eine bestimmte Zeit in eine Wohnung eingewiesen und treffe sie nach Ablauf der Zeit keine weiteren Maßnahmen, so verletze sie durch „Nichtvornahme einer Amtshandlung" das Recht des betroffenen Hauseigentümers auf fehlerfreie Ausübung des Ermessens.

Andere Stellungnahmen lassen darauf schließen, daß das subjektiv-öffentliche Recht auf fehlerfreien Ermessensgebrauch als selbständiger Anspruch verstanden wird, der auf ein Tätigwerden der Behörde gerichtet ist.

So hat das Bundesverwaltungsgericht in einem Urteil vom 28.10.1955[23] dem einzelnen einen öffentlich-rechtlichen Anspruch gegen die zuständige Behörde zugestanden, daß diese bei Ermessensnormen, welche im Interesse des einzelnen geschaffen sind, bei Vorliegen der Voraussetzungen überhaupt prüfe, ob und wie von dem Ermessen Gebrauch zu machen sei.

Das OVG Hamburg, das in ständiger Rechtsprechung[24] ein subjektiv-öffentliches Recht auf fehlerfreien Ermessensgebrauch anerkennt, hat durch Urteil vom 31. 8. 1950[25] einen Einspruchsbescheid aufgehoben, weil er nach der Auffassung des Gerichts nicht erkennen ließ, ob die Behörde das Vorbringen des Klägers, das in seinen Einspruchsschreiben enthalten war, gewürdigt hat. Wörtlich führt das Gericht aus:

„Der angefochtene Einspruchsbescheid läßt nun nicht erkennen, daß die Behörde das Vorbringen des Klägers, das in seinen Einspruchsschreiben enthalten war, gewürdigt hat. Der Einspruchsbescheid nimmt zu der Frage, ob die Errichtung neuen Wohnraums durch den Kläger und das darauf beruhende Freiwerden der Wohnung des Angestellten aus Billigkeitsgründen Anlaß zur Belassung des erfaßten Zimmers, unter Berücksichtigung der von der Beklagten

---

[21] Abwendungsanspruch, S. 127.
[22] a. a. O., S. 521 ff. (523).
[23] DVBl 56, 135.
[24] Vgl. die Urteile in VerwRspr. 3, 105 ff. (113); VerwRspr. 9, 635 ff.
[25] DVBl 51, 479.

hierfür erlassenen Richtlinien, geben könnte, keine Stellung. Der Kläger ist somit in seinem formellen subjektiv-öffentlichen Recht auf sachgerechte Ermessensentscheidung verletzt. Daher müssen Einspruchsbescheid und Erfassungsverfügung aufgehoben werden, um der Beklagten Gelegenheit zur Nachprüfung ihrer Entscheidung aus diesem bisher jedenfalls nicht erkennbar erörterten Ermessensgesichtspunkt zu geben."

Besonders die zuletzt zitierte Entscheidung macht deutlich, daß der Bürger nicht mehr darauf beschränkt ist, sich mit einem Unterlassungsanspruch gegen behördliche Ermessensentscheidungen zur Wehr zu setzen, durch die seine Rechtsposition beeinträchtigt wird, sondern zum „Angriff" übergehen kann, insofern als ihm zugestanden wird, von der Behörde ein Tun zu verlangen, hier die Würdigung der von ihm vorgebrachten Gesichtspunkte, die möglicherweise für die Ermessensentscheidung von Bedeutung sind.

Beide Auffassungen vom subjektiv-öffentlichen Recht auf fehlerfreien Ermessensgebrauch sind auch im weiteren Verlaufe der Untersuchung genau auseinanderzuhalten. Sie werden, soweit erforderlich, getrennt zu untersuchen sein.

III. Methode der Untersuchung

Aufgabe der Untersuchung wird es sein, nach einer gesetzlichen Grundlage des subjektiv-öffentlichen Rechts auf fehlerfreien Ermessensgebrauch zu suchen. Es ist unbestritten, daß jedes subjektiv-öffentliche Recht, also auch das auf fehlerfreien Ermessensgebrauch gerichtete, einer gesetzlichen Grundlage bedarf. Das ist die einhellige Meinung in Literatur und Rechtsprechung[26]. Diese Grundlage kann sich ergeben aus einem einfachen Gesetz, aus Verfassungsnormen oder aus allgemeinen, der Verfassung zugrunde liegenden Gedanken. Im letzten Falle wird es nicht einfach sein zu ermitteln, ob ein solches Recht vorliegt. Durch sorgfältige Auslegung der Normen wird zu erforschen sein, ob der Gesetzgeber ein subjektiv-öffentliches Recht oder nur einen Rechtsreflex oder gar keines von beiden einräumen wollte. Möglicherweise kann der Wortlaut der in Rede stehenden Norm da manchen Hinweis geben. So wird etwa ein subjektiv-öffentliches Recht anzunehmen sein, wenn in einem Gesetz von einem „Anspruch", einem „Recht" oder einem „Verlangen-Können" einer Person gesprochen wird.

Ausgehend von der Überlegung, daß ein Rückgriff auf das Grundlegende erst zulässig sein kann, wenn konkrete, speziellere Gesetzesaussagen nicht mehr weiter helfen, werden Verfassungsnormen nur im Falle

[26] Bachof, Klage, S. 88 ff.; Wolff, Verwaltungsrecht, 3. Aufl., S. 207; selbst das in der Anerkennung von Rechtsansprüchen sehr großzügige BVerwG geht in ständiger Rechtsprechung davon aus, daß jeder Anspruch einer gesetzlichen Grundlage bedürfe. Vgl. die Entscheidungen BVerwGE 1, 159; 2, 349; 3, 121; 3, 288.

des Versagens einfacher gesetzlicher Vorschriften heranzuziehen sein. Dabei wird ihre Auslegung auch unter Berücksichtigung der geschichtlichen Zusammenhänge zu erfolgen haben, wobei „der Wandel der äußeren gesellschaftlichen Verhältnisse und vieler, einstmals anerkannter politischer und weltanschaulicher Grundwerte berücksichtigt werden muß[27].

Es darf ebenfalls nicht außer acht gelassen werden, daß Verfassungen in abstrakte Form und Normen gebrachte politische Entscheidungen sind und daher der hinter der einzelnen Verfassungsvorschrift liegende politische Gehalt zu erfassen ist[28]. Schließlich wird man zu den der Verfassung zugrunde liegenden Gedanken Zuflucht nehmen dürfen, wenn auch dem positiv normierten Verfassungsrecht nichts zu entnehmen ist. Während bei Verfassungssätzen immer noch die Möglichkeit besteht, daß der Wortlaut gewisse Anhaltspunkte für oder gegen das Vorliegen subjektiv-öffentlicher Rechte bietet, bleibt bei den Grundgedanken der Verfassung — hier des Grundgesetzes — nur übrig, aus der Gesamtkonzeption der Verfassungsurkunde zu entscheiden, ob im Zweifel ein subjektiv-öffentliches Recht vorliegt oder nicht. Dabei wird, wie Peters[29] ausführt, die unbedachte Beschränkung der Rechtsanwendung auf die Heranziehung eines einzigen Verfassungsprinzips nicht selten zu unrichtigen Ergebnissen führen. Es muß daher geprüft werden, welche verschiedenen Verfassungsgrundsätze im konkreten Fall zur Anwendung gelangen können[30].

Da die Untersuchung ohne eine ins einzelne gehende Interpretation der jeweiligen Normen kaum auskommen dürfte, ist es angezeigt, schon an dieser Stelle auf die Methode hinzuweisen, nach der hier bei der Auslegung verfahren wird.

Früher bediente man sich überwiegend der historisch-subjektiven Methode, die den im Gesetz zum Ausdruck gelangten Willen des Gesetzgebers zu ergründen suchte[31], während heute herrschend die objektiv-kritische angewandt wird. Sie fragt nach dem objektiven Sinn der Norm, nach dem Willen des Gesetzes, nicht nach dem des Gesetzgebers. „Maßgebend für die Auslegung einer Gesetzesvorschrift ist der in dieser zum Ausdruck kommende objektivierte Wille des Gesetzgebers, so wie er sich aus dem Wortlaut der Gesetzesbestimmung und dem Sinnzusammenhang ergibt, in den diese hineingestellt ist. Nicht entscheidend ist dagegen die subjektive Vorstellung der am Gesetzgebungsverfahren beteiligten Organe oder einzelner ihrer Mitglieder über die Bedeutung der Bestimmung[32].

Diese Methode erscheint richtig, wenn man bedenkt, wie viele Meinungen der verschiedenen Interessentengruppen sich heute im Initiativstadium eines Gesetzes und später in der Kommentarwissenschaft gegenüberstehen.

---

[27] Peters, Hist. Jahrb. S. 459/460.

[28] Peters, Hist. Jahrb. S. 462.

[29] Karl-Arnold-Festschrift, S. 127.

[30] Karl-Arnold-Festschrift, S. 127.

[31] Vgl. Enn.-Nipperdey, a. a. O., S. 199.

[32] BVerfGE 1, 299—322 (312).

Würde man bei der Normeninterpretation darauf abstellen, liefe man leicht Gefahr, über den geäußerten Meinungen den letztlich in der Norm zum Ausdruck gelangten objektiven Sinn zu übersehen.

Das Suchen nach der gesetzlichen Grundlage eines subjektiv-öffentlichen Rechts auf fehlerfreien Ermessensgebrauch hat auszugehen von der Frage, ob sich in irgendeiner Verwaltungsgerichtsordnung oder in einem anderen Gesetz eine ausdrückliche Normierung dieses Rechtsinstituts findet. Dann wäre wenigstens die Existenz dieses Rechts als gegeben anzusehen und die Untersuchung könnte auf die Frage nach der lückenlosen und überzeugenden Begründung verlagert werden. Jedes Bemühen in dieser Richtung ist jedoch müßig. Nirgendwo findet sich expressis verbis eine Normierung des subjektiv-öffentlichen Rechts auf fehlerfreien Ermessensgebrauch, die in Anlehnung an die Formulierung des § 23 Abs. 3 MRVO 165 etwa folgenden Wortlaut haben könnte:

> „Sind die Verwaltungsbehörden ermächtigt, nach ihrem Ermessen zu handeln, so kann die Anfechtung insoweit auch darauf gestützt werden, daß das subjektiv-öffentliche Recht des Klägers auf fehlerfreien Ermessensgebrauch verletzt worden sei".

In Ermangelung einer solchen oder ähnlichen Vorschrift bleibt nur die Möglichkeit, einschlägige Normen heranzuziehen und aus ihrem Sinn unter Berücksichtigung der dazu geäußerten wissenschaftlichen Meinungen herauszulesen versuchen, ob ihnen ein subjektiv-öffentliches Recht auf fehlerfreien Ermessensgebrauch zu entnehmen ist.

Zur erfolgreichen Vorbereitung dieser Methode bedarf es einer begrifflichen Klärung und einer Auseinandersetzung mit den für die Untersuchung notwendigen Begriffen des subjektiv-öffentlichen Rechts und des Ermessens.

Ihre Erörterung ist darum vorauszuschicken.

Zweites Kapitel

DIE GRUNDBEGRIFFE

§ 3
Das subjektiv-öffentliche Recht

I. Einleitung: Die Abhängigkeit des Begriffs von und seine Wechselbeziehungen zu der jeweiligen politischen, wirtschaftlichen und sozialen Situation

Es kann bei der begrifflichen Klärung nicht darauf ankommen, den vielen Definitionen eine neue hinzuzufügen. Das würde nicht nur den Rahmen dieser Untersuchung sprengen, sondern auch kaum zu neuen Ergebnissen führen. Zu oft ist das subjektiv-öffentliche Recht bereits Gegenstand wissenschaftlicher Erörterungen gewesen[33]. Wenn „der Begriff des subjektiv-öffentlichen Rechts auch zu den schwierigsten und umstrittensten der Rechtswissenschaft gehört“[34], so hat sich doch im Laufe der Zeit eine brauchbare Definition entwickelt. Es handelt sich um die von Bühler herausgearbeitete Formulierung, der heute in Literatur und Rechtsprechung im wesentlichen gefolgt wird. Von ihr soll auch in der vorliegenden Untersuchung, wenigstens in Grundzügen, ausgegangen werden.

Es kann hier in erster Linie nur darum gehen, den Begriff in seinen einzelnen Elementen unter der gegenwärtigen staatsrechtlichen Situation zu überprüfen und festzustellen, in welcher Akzentuierung er heute Verwendung finden muß. Eine solche Überprüfung ist schon deshalb angezeigt, weil kaum ein Rechtsinstitut von den sich wandelnden politischen, wirtschaftlichen und sozialen Verhältnissen so beeinflußt und geprägt wurde und wird wie das subjektiv-öffentliche Recht. In ihm spiegelt sich das jeweilige Verhältnis des einzelnen zum Staat. Mit der Wandlung die-

---

[33] Vgl. etwa Bähr, Der Rechtsstaat, 1864; Thon, Rechtsnorm und subjektives Recht, 1878; Bernatzik, ArchöffR 5, 169 ff. Tetzner, GrünhutsZ 21, 107 ff.; Bühler, Die subjektiv-öffentlichen Rechte, 1914; derselbe in Festgabe für Fleiner, 1926, S. 26 ff.; Richter, ArchöffR NF. 8, 1 ff.; Thoma in Handbuch des Deutschen Staatsrechts, Bd. II, S. 607 ff.; Nawiasky, Allg. Rechtslehre, 2. Aufl., 1948, S. 152 ff.; Peters, Lehrb. d. Verwaltung, 1949, S. 141; Übersicht im Entwurf der Verwaltungsrechtsordnung für Württemberg, 1931, S. 100 ff.

[34] Regelsberger, a. a. O., § 14, S. 74.

ses Verhältnisses ändert sich auch die Anerkennung des subjektiv-öffentlichen Rechts. Zu einer Zeit fehlt es an der Anerkennung solcher Rechte völlig, während man in anderen geneigt ist, die ganze objektive Rechtsordnung in Rechtsbeziehungen und daraus herzuleitende Ansprüche aufzulösen.

Um diese Wandlungen und Wechselbeziehungen aufzuzeigen, empfiehlt sich ein kurzer, historisch angelegter Überblick.

II. Das subjektiv-öffentliche Recht in seinem Verhältnis zu einzelnen Staatsformen

1. Der Polizeistaat und das subjektiv-öffentliche Recht

Der Polizeistaat[35] des 18. und 19. Jahrhunderts konnte dem subjektiv-öffentlichen Recht nicht günstig sein, stellte doch der von der unbeschränkten monarchischen Machtvollkommenheit getragene Vollzug der Staatsfunktionen zur Verwirklichung der staatlichen Zwecke keinen Rechtsvorgang im strengen Sinne dar[36]. Otto Mayer[37] meinte zur Verwaltung des Polizeistaates, das Recht habe nichts damit zu tun. In der Tat war für irgendwelche Rechtsbeziehungen des einzelnen zum Staat kein Raum. Im Vordergrund stand die Erfüllung des Staatszwecks, das geistige und leibliche Wohl der Untertanen herbeizuführen. Diese Aufgabe wurde von der „Polizey" wahrgenommen, die damals nicht nur für die Aufrechterhaltung der öffentlichen Sicherheit und Ordnung zu sorgen hatte, sondern alle anderen Staatsaufgaben wahrnahm. „Polizey" bedeutete Staatsverwaltung schlechthin. Der einzelne war nur Objekt dieser Verwaltung. Ansprüche gegen den Staat auf ein Tun oder Unterlassen standen ihm nicht zu. Er wurde auf Grund seines „beschränkten Untertanenverstandes" nicht für reif gehalten, solche Ansprüche überhaupt geltend machen zu können. Was für sein körperliches und seelisches Wohl förderlich und notwendig war, bestimmte die „Polizey" nach ihrem Ermessen. Dies führte zu einem völligen Dirigismus auf allen Gebieten. Der Staat befahl, wie der Handel zu betreiben war, welche landwirtschaftlichen Produkte angebaut wurden und welche Wissenschaft zu „fördern" war. So wurde der einzelne einer „Zwangswohlfahrt" unterworfen, die mit dem Wohlfahrtsstaat moderner Prägung einige Gemeinsamkeiten haben dürfte.

---

[35] Zum Begriff „Polizeistaat" vgl. Hatschek, a. a. O., S. 1 ff. Fleiner, Institutionen, S. 31 ff.; Boehmer, Grundlagen, S. 173 ff. Rechtshistorisch interessant zu diesem Problemkreis ist das 1832 erschienene Buch Robert v. Mohls „Polizeiwissenschaft nach den Grundsätzen des Rechtstaats". Zu den staatsphilosophischen Grundlagen, die bei Hobbes, Locke, Pufendorf, Thomasius und Christian Wolff zu suchen sind, vgl. Häfelin, Die Rechtspersönlichkeit des Staates, Tübingen 1959.

[36] Forsthoff, Lehrbuch, S. 39.

[37] a. a. O., Bd. I, S. 39.

2. Der liberale Rechtsstaat und das subjektiv-öffentliche Recht

Erst das Aufkommen von Individualrechten, die, ausgehend von der Amerikanischen Unabhängigkeitserklärung des Jahres 1776, ihren Niederschlag in der französischen Déclaration des droits de l'homme et du citoyen von 1789 gefunden hatten und als „liberales Gedankengut" auch in das absolutistische Deutschland kamen und dort verbreitet wurden, bewirkte allmählich eine Ablösung des absoluten und des Polizeistaates durch den liberalen Rechtsstaat. Jetzt war die historische und politische Situation gekommen, in der subjektiv-öffentliche Rechte gegen einen Träger hoheitlicher Gewalt begründet werden konnten. Für den absoluten Staat war der Untertan nur ein „schlechthin Unterworfener"[38]. Erst die „Selbstbindung" des liberalen „Rechts"-Staates an sein Recht konnte ihn verpflichten. Durfte man bisher überhaupt nichts vom Staat fordern, so kehrt sich dieses Verbot nunmehr in sein Gegenteil. Jetzt meint der Bürger des liberalen Zeitalters, er „dürfe" alles und habe daher auch ein subjektives Recht auf alles, was nicht ausdrücklich verboten sei.

Die Wurzeln einer solchen Einstellung sind in der Rechtsauffassung Immanuel Kants zu suchen[39]. Für ihn war der Staat nur zum Hüter der Freiheit seiner Bürger bestellt. Er bestimmte diese Freiheit als das Recht eines jeden, „seine Glückseligkeit selbst, worin er sie immer setzen mag, zu besorgen, nur daß er Anderer ihrer gleich rechtmäßigen Freiheit nicht Abbruch tut"[40]. Damit rechtfertigte er „der Sache nach das Prinzip eines quantitativen Egoismus und entzieht auch der Gemeinschaft als solcher den objektiven Sinngehalt"[41]. Wenn die Entfaltung des einzelnen derartig stark im Vordergrund steht, muß er notwendigerweise das Verantwortungsbewußtsein für die Gemeinschaft und das Gemeinwohl verlieren. Eine solche extreme Einstellung birgt ebenso wie die entgegengesetzte — nämlich der Kollektivismus — Gefahren für den Bestand der Gemeinschaft in sich. Die Geschichte der letzten Jahrzehnte hat gezeigt, daß beide Einstellungen zur Katastrophe führen.

a) Ausgangspunkt: Die grundlegende Theorie von C. F. Gerber

Der Ruhm, für die Entwicklung des subjektiv-öffentlichen Rechts den ersten Grundstein gelegt zu haben, gebührt C. F. Gerber. In seiner 1852 erschienenen Schrift „Über öffentliche Rechte" sind die ersten Ansätze jener Entwicklung zu suchen, die bis heute noch zu keinem endgültigen Abschluß gebracht worden ist. Gerber ging bei dem Versuch einer genaueren Bestimmung staatsrechtlicher Prinzipien vom Privatrecht aus[42]. Diesem

[38] Jellinek, Verwaltungsrecht, S. 85.
[39] Vgl. zu dieser allgemein v. Hippel, a. a. O., Bd. II, S. 144.
[40] Kant an Jung-Stilling, zitiert bei v. Hippel, a. a. O., Bd. II, S. 145.
[41] v. Hippel, a. a. O., Bd. II, S. 145.
[42] Gerber, Über öffentliche Rechte, S. 29.

war der Unterschied objektives — subjektives Recht längst geläufig. Dem objektiven Recht als der Summe aller Normen stellte man das Recht im subjektiven Sinne als Berechtigung einer Person gegenüber. Das subjektive Recht wurde begrifflich als eine durch das objektive Recht verliehene und gewährleistete, ganz allgemein zur Befriedigung menschlicher Interessen dienende Willensmacht aufgefaßt[43]. Genau genommen sollen objektives und subjektives Recht nur als zwei Erscheinungsformen desselben Gegenstandes, nämlich des Rechts, das einmal objektiv, vom Standpunkt des Gesetzgebers, das andere Mal subjektiv, vom Standpunkt des einzelnen Rechtsunterworfenen aus, betrachtet werden[44]. Trotz dieses Rückgriffs auf das System des Privatrechts erkannte Gerber jedoch den grundlegenden Unterschied zwischen Privatrecht und öffentlichem Recht an. Der Wesensunterschied resultiert nach seiner Meinung aus der dem Privatrecht eigenen unbeschränkten Dispositionsfreiheit[45] des Einzelwillens und der das öffentliche Recht kennzeichnenden Verbindung von Rechten mit der Gesamtheit[46]; aus solcher soll sich hier im öffentlichen Recht eine beschränkte Willensfreiheit ergeben. Es ist das Verdienst Gerbers, daß er zunächst, noch ohne den Begriff der Rechtsperson auf den Staat zu übertragen, das Verhältnis Staat — Untertan durch Einführung des öffentlichen Rechtsschutzanspruchs als zweiseitiges Rechtsverhältnis entwickelte[47]. Die Tat Gerbers ist besonders hoch einzuschätzen, da er gezwungen war, diese öffentlichen Rechte aus einer vom Privatrecht gänzlich beherrschten Vorstellungswelt zu entwickeln. Das ging nicht ohne Schwierigkeiten vor sich.

b) Die Systematisierung des Begriffs durch Georg Jellinek und der Streit um seine Anerkennung

Es dauerte aber noch geraume Zeit, bis diese wissenschaftlichen Überlegungen allgemein Eingang in das öffentliche Recht fanden. Georg Jellinek[48] ist es zuzuschreiben, daß die Entwicklung ein beträchtliches Stück vorankam. Er sah den Staat als Rechtssubjekt an und unterstellte ihn einer allgemeinen Rechtsordnung. Für ihn ist alles Recht Beziehung von Rechtssubjekten. Ein isoliert gedachter Rechtsträger sei eine unmögliche Vorstellung[49] ebenso wie eine Rechtsordnung, die nur eine Persönlichkeit berechtige[50]. Sei der Staat aber nicht Träger von Rechten, so ermangele er der Persönlichkeit, er könne dann auch nach außen hin nicht Rechtssubjekt sein.

---

[43] So z. B. später Jellinek, Gesetz, S. 44.

[44] Vgl. Gierke, a. a. O., § 27, II, 1; Regelsberger, a. a. O., § 9, IV, S. 60.

[45] Gerber, Über öffentliche Rechte, S. 31.

[46] Derselbe, a. a. O., S. 31

[47] So wörtlich Forsthoff, Lehrbuch, S. 47.

[48] System, passim.

[49] System, S. 10.

[50] System, S. 10.

Damit war der Schritt getan, durch den der Staatsbegriff überhaupt für Rechtsbeziehungen praktikabel gemacht wurde. Dem Rechtssubjekt „Staat" stehen menschliche Individuen gegenüber, die wohl der Gewalt des Staates unterworfen, nicht aber willens und interessenlos sind, eben weil sie Menschen, keine Sachen sind. Aus den Rechtsbeziehungen dieser Subjekte (Staat — Einzelner) entstehe das subjektiv-öffentliche Recht als das durch Anerkennung menschlicher Willensmacht geschützte Gut oder Interesse[51]. Jellinek kommt zu dem Ergebnis, daß das subjektiv-öffentliche Recht „ausschließlich in der Fähigkeit besteht, Rechtsnormen in individuellem Interesse in Bewegung zu setzen"[52], „daher immer nur ein Können zum Inhalt" habe[53] und „ausschließlich durch die Erweiterung der natürlichen Freiheit"[54] geschaffen werde. Dieses Individualinteresse habe aber eine Grenze. Nur das sei subjektiv-öffentliches Recht, was dem einzelnen wegen seiner gliedlichen Stellung im Staate zustehe[55], denn jedes Individualinteresse könne nur dann rechtliche Anerkennung finden, wenn diese Anerkennung auch im Gemeininteresse geboten sei[56]. Jellinek faßt das subjektiv-öffentliche Recht als Anspruch auf, der unmittelbar aus einer besonderen Position der Person zum Staat, aus einem „status" herrührt, deren er vier unterscheidet[57]. In dieser Lehre von den Statusverhältnissen, die dem System der subjektiv-öffentlichen Rechte zugrunde liegt[58], findet die begriffliche Klärung ihre systematische Vollendung. Soweit dagegen Rechtssätze des öffentlichen Rechts staatlichen Organen ein bestimmtes Tun oder Unterlassen gebieten, „ohne daß die Rechtsordnung beabsichtige, die Rechtssphäre gerade dieser Person zu erweitern"[59], enthalten sie nach Jellinek keine subjektiv-öffentlichen Rechte, sondern stellen sich als bloße sogenannte Reflexrechte dar.

Selbstverständlich fehlte es nicht an Stimmen, die das subjektiv-öffentliche Recht ablehnten. Zu ihnen gehörte Gneist[60]. Für ihn war das öffentliche Recht der Inbegriff von Normativbestimmungen für die Ausübung hoheitlicher Gewalt. Auch Laband[61] ist hier zu erwähnen. Er spricht zwar von „Rechten der Reichsangehörigen" und nennt hierbei als Inhalt eines solchen Staatsbürgerrechts nur einen Anspruch des einzelnen auf die Erfüllung der ihm gegenüber vom Staat übernommenen Aufgaben. Einer Gruppe der subjektiv-öffentlichen Rechte, von der später noch zu sprechen sein wird, nämlich den Grundrechten, versagt er überhaupt die

---

[51] System, S. 44.
[52] System, S. 51.
[53] System, S. 51.
[54] System, S. 52.
[55] System, S. 53.
[56] System, S. 53.
[57] System, S. 56 und S. 86 ff.
[58] Jellinek, Verwaltungsrecht, S. 192, Anm. 1.
[59] System, S. 70.
[60] Rechtsstaat, S. 270.
[61] Laband, Staatsrecht, S. 141/142.

Eigenschaft von Rechten im subjektiven Sinn, weil diese kein Objekt hätten. Schließlich behauptete Bornhak[62] noch 1921, es sei Aufgabe des Staates, den Schutz des Individuums zu wahren. Die Staatsgewalt könne aber von dem Individuum nicht rechtlich (in einem Rechtsverhältnis) gebunden werden.

Diese Meinungen sind heute ebenso historisch wie die derjenigen Schriftsteller, die zwar die Existenz subjektiver Rechte anerkannten, jedoch einseitig einen bestimmten Gesichtspunkt des Begriffs über Gebühr in den Vordergrund rückten. Obwohl ihre Äußerungen vornehmlich oder gar ausschließlich auf das subjektiv-private Recht abstellten, sind sie auch für das subjektiv-öffentliche Recht von Bedeutung. Nie ist es gelungen, das letztere ganz von seinen privatrechtlichen Wurzeln zu lösen, aus denen es Gerber herzuleiten bemüht war. Es bestehen hier immer noch Querverbindungen, die so stark sind, daß Definitionen, die ursprünglich für das Privatrecht gedacht waren, ohne Veränderung ins öffentliche Recht übergingen und zum Gegenstand der Diskussion wurden. Sie üben heute noch ihren Einfluß aus[63].

Ihering[64] faßte das subjektive Recht als rechtlich geschütztes Interesse auf, während Windscheid-Kipp[65] vom subjektiven Recht als von einer Willensmacht sprechen. Dernburg[66] schließlich verstand es als Anteil an den Lebensgütern. Diese Theorien fanden jedoch bald ihre Ablehnung durch den Nachweis, daß sie Zweck und Inhalt des subjektiven Rechts verwechselten[67], denn einerseits war das subjektive Recht nicht selbst der Anteil an den Lebensgütern, sondern nur das Mittel zu ihrer Verschaffung und Sicherung, andererseits war es auch nicht selbst das Interesse oder die Willensmacht, sondern nur das Mittel zu seinem Schutz.

Bachof[68], der eine gemischte Theorie vertritt, meint, man könne weder das Merkmal der Willensmacht noch dasjenige des Interesses aus dem Begriff des subjektiven Rechts entfernen, ohne den ihm von einer langjährigen Rechtsprechung gegebenen Inhalt willkürlich zu verändern. Ohne Willensmacht sei jede Trennung zwischen subjektivem Recht und Reflexrecht, die in der Praxis der Gerichte eine entscheidende Rolle gespielt habe und noch spiele, unmöglich. Eine Eliminierung des Interesses würde dem Wollen die Richtung nehmen.

Grundlegend geblieben sind die Ausführungen Georg Jellineks. Außer ihm haben sich in der Folgezeit noch viele Staats- und Verwaltungswissenschaftler mit dem subjektiv-öffentlichen Recht befaßt, ja, man kann sagen, an diesem Problem konnte keiner, der sich mit der Stellung des ein-

[62] Grundriß, S. 96.

[63] Vgl. etwa die Definition des subjektiv-öffentlichen Rechts von Bachof, Klage, S. 63.

[64] Geist, §§ 60, 61.

[65] Lehrbuch, S. 156.

[66] a. a. O., § 41, S. 104.

[67] Enn.-Nipperdey, a. a. O., § 72, Fußn. 3.

[68] Klage, S. 63.

zelnen in und seinem Verhältnis zum Staat befaßte, vorübergehen, ohne Stellung zu beziehen. Aus dieser Zeit sind daher zahlreiche Definitionen überkommen, ohne daß eine von ihnen sich allgemein durchsetzen konnte. Eine ins einzelne gehende Erörterung kann unterbleiben, denn im wesentlichen hielten sich alle an die Ergebnisse von Georg Jellinek, Ottmar Bühler und Fritz Fleiner.

c) Die Definition Bühlers

Bühler nimmt wie Gerber und andere in seiner 1914 erschienenen Monographie[69] das subjektiv-private Recht zum Ausgangspunkt der Untersuchung. Er bringt dann eine Auseinandersetzung mit den anderen wissenschaftlichen Meinungen und kommt zur Definition des subjektiv-öffentlichen Rechts nicht durch theoretische Überlegungen und Spekulationen, wie es damals und auch heute noch sehr häufig geschieht, sondern durch eine kritische Analyse der Rechtsprechung der Obergerichte von fünf deutschen Ländern. Er arbeitet drei Elemente heraus, die von der Judikatur für das subjektiv-öffentliche Recht als wesentlich angesehen wurden und die daher in den Entscheidungen mehr oder minder stark zum Ausdruck kamen, nämlich

1. den zwingenden Rechtssatz,
2. die Bestimmung des Rechtssatzes zum Schutz der Individualinteressen des Klägers,
3. die Bestimmung des Rechtssatzes dazu, daß sich der Bürger der Verwaltung gegenüber auf ihn soll berufen können.

Ihre Verbindung ergibt die Definition: Subjektiv-öffentliches Recht ist diejenige Stellung des Untertans zum Staat, in der er auf Grund eines Rechtsgeschäfts oder eines zwingenden, zum Schutze seiner Individualinteressen erlassenen Rechtssatzes, auf den er sich der Verwaltung gegenüber soll berufen können, vom Staat etwas verlangen kann oder ihm gegenüber etwas tun darf.

Wenn auch dem Bühlerschen Verfahren insofern gewisse Bedenken entgegenstehen, als allgemein bei solchen Methoden immer nur die Entscheidungen herangezogen werden, die in das vorgestellte Schema einzupassen sind, so läßt sich nicht leugnen, daß diese Definition die weiteste Anerkennung gefunden hat. Sie hat ihre Wurzeln in der Praxis und wird daher ihren Bedürfnissen auch heute am besten gerecht. Das beweist ein Blick auf die Unzahl von Entscheidungen, die sich auf sie stützen.

d) Der „Gesetzesvollziehungsanspruch“ Fleiners

Zu einer anderen Definition kommt Fleiner[70]. Er wendet sich gegen den rechtsstaatlichen Sprachgebrauch, nach dem alle Ansprüche des

[69] Die subjektiv-öffentlichen Rechte und ihr Schutz in der deutschen Verwaltungsrechtsprechung.

[70] Institutionen, § 12, S. 164 ff.

einzelnen gegen den Staat als subjektive Rechte bezeichnet würden. Eine nähere Betrachtung zeige, daß verschiedene Dinge zusammengeworfen würden. Nicht jeder Vorteil, der dem einzelnen dem objektiven Recht gemäß zufließe, bilde den Inhalt einer subjektiven Berechtigung. Demgemäß unterscheidet er zwei Möglichkeiten, nach denen der Gesetzgeber dem einzelnen staatliche Leistungen zukommen lassen kann. Entweder könne der Staat die Verwirklichung seiner Anordnungen ausschließlich in die Hand der Behörden legen und den einzelnen Bürger auf den allgemeinen Anspruch gegenüber den Behörden beschränken, daß sie die zu seinen Gunsten erlassenen Gesetze vollziehen (Gesetzesvollziehungsanspruch, Interessenbefriedigungsanspruch), oder aber ein bestimmtes Gesetz könne jedem einzelnen Bürger konkrete, genau abgegrenzte Ansprüche auf die einzelnen im Gesetz ihm zugedachten Leistungen zubilligen, so daß der damit Bedachte bei der Geltendmachung der zur Gesetzesvollziehung verpflichteten Behörde gegenübertrete wie der Gläubiger dem Schuldner[71]. Im ersten Fall spricht Fleiner von Reflexrechten, im letzteren von subjektiv-öffentlichen Rechten.

Der Theorie Fleiners war kein Erfolg beschieden. Das lag daran, daß eine befriedigende Abgrenzung der beiden Arten staatlicher Zuwendungen nicht vorzunehmen ist, ferner daran, daß es einen allgemeinen „Gesetzesvollziehungsanspruch" nicht gibt[72]. Das ist einmal darauf zurückzuführen, daß ein solcher „Anspruch" viel zu allgemein wäre, um überhaupt noch als Anspruch geeignet zu sein. Zum anderen findet er im materiellen Recht keine Grundlage. Schließlich ist die ganze Unterscheidung künstlich zu nennen. Es ist im Ergebnis gleich, ob der einzelne direkt einen Anspruch auf ein bestimmtes Tun oder Unterlassen der Behörde geltend macht oder sie über den Umweg eines allgemeinen Gesetzesvollziehungsanspruchs veranlaßt, eine bestimmte im Gesetz vorgesehene Handlung vorzunehmen[73].

e) Die Gemeinsamkeiten der verschiedenen Theorien

Trotz dieser auf den ersten Blick so verwirrenden Vielfalt von Definitionen, des Streits und der Meinungsverschiedenheiten hinsichtlich der begrifflichen Fassung des subjektiv-öffentlichen Rechts[74] lassen sich gewisse Zusammenhänge und Gemeinsamkeiten der Auffassungen erkennen.

---

[71] Institutionen, S. 172.

[72] Wolff, Verwaltungsrecht, § 43, II, 2; Huber, a. a. O., Bd. II, S. 658/659.

[73] Hingewiesen sei noch darauf, daß gerade der „allgemeine Gesetzesvollziehungsanspruch" ein geeignetes Beispiel einer überspitzten individualistischen Geisteshaltung ist. Der in ihr wurzelnde Rechtswissenschaftler geht von der Summe der einzelnen aus. Sie ist für ihn die Allgemeinheit. Durch diese Gleichsetzung bedingt, verwechselt er dann ständig die „Ansprüche" der Allgemeinheit als solcher mit denen der auch in ihr stehenden Einzelpersonen.

[74] Vgl. Forsthoff, Lehrbuch, 7. Aufl., S. 171, Fußn. 1 u. 2.

Ihrer Erörterung ist vorauszuschicken, daß das subjektiv-öffentliche Recht nicht gleich einem „Anspruch“ zu setzen ist. Das geschieht vielfach in der Literatur und gibt zu Mißverständnissen Anlaß. Der Anspruch ist vielmehr nur eine der drei Erscheinungsformen des subjektiven Rechts. Die anderen sind das Gestaltungsrecht und das Beherrschungsrecht[75], aus denen sich allerdings ebenfalls Ansprüche ableiten lassen. So umschließt beispielsweise das Wahlrecht als Statusrecht den Anspruch, bei Vorliegen der Voraussetzungen in die Wählerliste aufgenommen zu werden, und aus der Staatsangehörigkeit als Beherrschungsrecht können Ansprüche auf die sich daraus ergebenden Rechte abgeleitet werden[76].

Gemeinsamer Ausgangspunkt aller Definitionsversuche ist die Anerkennung zweier sich gegenüberstehender Rechtsträger: einzelner und Staat, ohne die das subjektiv-öffentliche Recht von vornherein sinnlos wäre[77]. Übereinstimmung herrscht weiterhin darüber, daß Inhaber des subjektiv-öffentlichen Rechts immer nur der einzelne und niemals der Staat ist. Dem ist zuzustimmen, denn das Wesen des subjektiv-öffentlichen Rechts besteht der bisherigen Entwicklung nach in seiner Zielrichtung gegen einen übergeordneten Hoheitsträger. Der Staat als Ausgangspunkt und Inbegriff aller staatlichen Gewalt hingegen würde keinen entsprechenden Anspruchsgegner haben[78].

Ferner betonen alle Definitionen die für den einzelnen bestehende Schutzfunktion dieses Rechts. Bei Bühler findet sich jener Gedanke expressis verbis. Er spricht von dem zum „Schutz der Individualinteressen erlassenen Rechtssatz“, der sich bei Jellinek und Fleiner aus dem Sinnzusammenhang ergibt.
Was bedeutet es anderes als die Schaffung einer vor staatlichen Eingriffen geschützten Individualsphäre, wenn Fleiner die Zubilligung genau abgegrenzter Ansprüche auf die einzelnen, im Gesetz zugedachten Leistungen so stark hervorhebt.

Schließlich, und das ist letztlich entscheidend, besteht das Wesen des subjektiv-öffentlichen Rechts nach allen Definitionen darin, ein bestimmtes Verhalten — sei es ein Tun, sei es ein Unterlassen — der Organe des öffentlichrechtlichen Gewaltträgers herbeizuführen. Ohne diese Stoßkraft bliebe das subjektiv-öffentliche Recht leere Deklaration.

Zusammenfassend ist zu sagen, daß unter dem subjektiv-öffentlichen Recht ganz allgemein die Grundlage für eine Rechtsposition des einzelnen

---

[75] Enn.-Nipperdey, a. a. O., S. 279.

[76] Bachof, Gedächtnisschrift, S. 293, 294.

[77] Die Ausführungen bei Eyermann-Fröhler, a. a. O., Anm. 2 c, aa, zu § 22 VGG legen die Vermutung nahe, daß die Verfasser subjektiv-öffentliche Rechte auch im Verhältnis zwischen Privatpersonen für möglich halten. Dem kann nicht gefolgt werden.

[78] Die von Barzel vertretene Theorie, daß „im öffentlichen Recht nicht nur der Staat, sondern wegen der Wechselseitigkeit der Beziehungen auch der Mensch als Hoheitsträger“ auftrete, ist allgemeiner Ablehnung verfallen; vgl. v. Mangoldt-Klein, a. a. O., S. 82.

zu verstehen ist, aus der heraus er gegen den ihm übergeordneten Staat vorgehen kann.

Diese Umschreibung entspricht, von wortmäßigen Unterschieden abgesehen, im wesentlichen der Definition Bühlers. Sie hat auf Grund ihrer Fassung den Vorteil, nicht mit anderen Begriffsfassungen in unüberwindbarem Widerspruch zu stehen. So wird u. a. vermieden, daß die Erörterung des subjektiv-öffentlichen Rechts auf fehlerfreien Ermessensgebrauch bereits an Meinungsverschiedenheiten über die begrifflichen Grundlagen scheitert. Die angegebenen Aufbauelemente, die allen Definitionen eigen sind, genügen vorliegend. Sie machen gewissermaßen das Gerippe aus, das entsprechend der jeweiligen staatspolitischen Situation ausfüllungsbedürftig ist. So gesehen hat Bauer[79] recht, wenn er meint, daß der Begriff des subjektiv-öffentlichen Rechts nach Ort und Zeit nicht feststehe. Einmal wird man darauf abstellen, die Position des Staates zu kräftigen, ein anderes Mal wird es mehr darauf ankommen, die Zahl und die Stoßkraft subjektiv-öffentlicher Rechte zu vergrößern, um so die Rechtsstellung des einzelnen zu verbessern.

Der liberale Rechtsstaat um die Wende des 19. zum 20. Jahrhundert sah seine vornehmliche Aufgabe darin, eine gewaltfreie Sphäre des einzelnen zu errichten. Dabei wurde jeder einzelne als Individuum und nicht als Glied einer Gemeinschaft verstanden, der gegenüber er sich bei der Ausübung seiner Rechte verpflichtet fühlen sollte. Es läßt sich nicht leugnen, daß diese Überbetonung der Stellung des einzelnen ihn zu einer egozentrischen, egoistischen und damit auch asozialen Haltung geradezu erzogen hat[80]. Bei einer solchen Haltung war wenig Sinn für die Objektivität der Rechtsordnung zu erwarten, für einen allumfassenden Ordo-Gedanken, wie er etwa bei Thomas von Aquin zu finden ist. Im Gegenteil wurde auf diese Weise der „Ordnungs-Zustand“ allmählich aufgelöst[81].

3. Der nationalsozialistische „Gemeinschaftsgedanke“ und das subjektiv-öffentliche Recht

Der liberale Rechtsstaat wurde abgelöst durch den nationalsozialistischen Staat, der versuchte, ganz ohne das subjektiv-öffentliche Recht auszukommen.

Maunz[82] meinte damals, es werde verdrängt und entbehrlich gemacht durch die Vorstellung der Rechtsstellung des „Volksgenossen“ innerhalb einer konkreten Gemeinschaft. In ihr werde seine Entscheidung die Tätigkeit des Apparates einer Gemeinschaft auslösen können. Die Individualsphäre des liberalen Rechtsstaates war durch den Gemeinschafts-

[79] a. a. O., S. 393 (394).
[80] Marcic, a. a. O., S. 416.
[81] Zum Ordo-Gedanken des Mittelalters allgemein v. Hippel, a. a. O., Bd. I, S. 276 ff., speziell zu der Auffassung des hl. Thomas, ders., S. 310 ff.
[82] a. a. O., S. 71 ff. (97).

gedanken abgelöst worden. Wenn der einzelne lediglich als Teil einer Volksgemeinschaft betrachtet wurde („Du bist nichts, dein Volk ist alles!"), war für ein Rechtsverhältnis zum Staat im Sinne subjektiv-öffentlicher Rechte kein Raum. Es wurde hier zwar die objektive Ordnung sehr stark betont, aber nicht im Sinne eines thomistischen Ordo-Gedankens. Es handelt sich vielmehr um den Ausdruck einer kollektivistischen Geisteshaltung. Doch nicht von allen Wissenschaftlern, die nationalsozialistischem Gedankengut folgten, wurde das subjektiv-öffentliche Recht in dieser Schärfe abgelehnt. So bemühte sich z. B. Koellreutter[83], ihm gemeinschaftsmäßige Züge abzugewinnen und es umzudeuten[84]. Seinem Bemühen war kein nachhaltiger Erfolg beschieden. Wenn einmal die Sinnverwirrung offenkundig wird und Erklärungen vorausgeschickt werden müssen, in welchem Sinn Bezeichnungen verwendet werden sollen, ist ihre Kraft gebrochen[85] Ein weiteres Eingehen auf die nationalsozialistische Theorie vom subjektiv-öffentlichen Recht verlohnt nicht. Sie ist als Ausdruck einer politischen Haltung als überwunden anzusehen.

4. Das subjektiv-öffentliche Recht und das Grundgesetz

a) Die Abkehr des Grundgesetzes vom krassen „liberalistischen Individualismus"

Auf den nationalsozialistischen Staat folgte nach kurzer Übergangszeit die Bundesrepublik, in deren Staatsgebiet das Grundgesetz gilt. Sollten diesem dieselben Auffassungen über das Verhältnis des einzelnen zum Staat zugrunde liegen, wie sie im liberalen Rechtsstaat herrschend waren und dann 1919 in der Weimarer Reichsverfassung ihren Niederschlag fanden, erübrigte sich eine Untersuchung des heutigen Begriffs vom subjektiv-öffentlichen Recht. Er gliche dem des liberalen Rechtsstaates, von dem bereits gesprochen wurde.

Gewichtige Anzeichen sprechen jedoch dafür, daß der Grundgesetzgeber dieses Verhältnis anders aufgefaßt hat. Peters[86] meint, den Persönlichkeitsbegriff des Grundgesetzes kennzeichne kein unbeschränkter Individualismus. Dem Persönlichkeitsbild des Grundgesetzes entspreche der durch Gemeinschaftsideale gebundene, heteronom, nämlich vor Gott, verantwortliche Mensch. Hinzu trete die soziale Bindung, die insbesondere der Gleichheitsgrundsatz zum Ausdruck bringe; die Anerkennung der Rechte aller Menschen und die Einbettung des einzelnen in einen „sozialen" Bundes- und Rechtsstaat deuteten auf die sehr beachtlichen Schranken hin, die aus der Ideologie des Grundgesetzes heraus der freien Persönlichkeit auferlegt seien. In der Stufenfolge Individualismus, Personalismus, Kollektivismus halte demnach das Grundgesetz die mittlere

---

[83] a. a. O., Sp. 628.
[84] Maunz, a. a. O., S. 98.
[85] Maunz, a. a. O., S. 98.
[86] Laun-Festschrift, S. 671.

Linie des Personalismus inne. Für Wertenbruch[87] liegt der erste Akzent des Grundgesetzes nicht auf den Rechten des von der staatlichen Gemeinschaft freien einzelnen, sondern auf den Rechten jedes Bürgers, welcher allerdings eine den Umständen nach möglichst ausgedehnte und gesicherte Freiheitssphäre haben solle, um selbst- und mitverantwortliches Glied der staatlichen Gemeinschaft sein und bleiben zu können. Die einfache Hinnahme zweier Fakten — des Individuums und des Staates und die bloße Abgrenzung ihrer Interessensphären voneinander —, unter Umständen auf der Grundlage der Abs. 1 und 2 des Art. 1 GG, werde sich nicht mehr vertreten lassen[88].

Damit gibt er zu verstehen, daß das Grundgesetz nicht mehr von liberalistisch-individualistischen Gedankengängen getragen wird. Diese Ansicht bricht sich immer mehr Bahn. Sie vertritt auch das BVerfG[89], wenn es ausführt, daß das Menschenbild des Grundgesetzes nicht das eines isolierten, souveränen Individuums sei; das Grundgesetz habe vielmehr die Spannung Individuum—Gemeinschaft im Sinne der Gemeinschaftsbezogenheit und Gemeinschaftsgebundenheit der Person entschieden, ohne dabei deren Eigenwert anzutasten. Das BVerfG[90] schließt das aus einer Gesamtansicht der Art. 1, 2, 12, 14, 15, 19 und 20 GG. Zwingend stellt sich die Frage, mit welcher Bezeichnung das Wesen des neuen Staates zu erfassen ist.

b) Der Sozialstaatsgedanke

Viele verwenden den Begriff „Sozialstaat" oder „sozialer Rechtsstaat" und stützen sich dabei auf den in Art. 20 und 28 GG verwendeten Begriff „sozial". Daran anknüpfend haben sich zwei hier interessierende Theorien entwickelt. Nach der einen, die von Forsthoff[91] vertreten wird, lassen sich aus der Formel „sozialer Rechtsstaat" weder Rechte noch Pflichten begründen oder Institutionen ableiten. Es handelt sich nach seiner Meinung nur um die typenbestimmende Kennzeichnung eines Staates, die Verfassung, Gesetzgebung und Verwaltung umgreife[92]. Der Begriff des sozialen Rechtsstaates stellt für ihn keine Institutionalisierung eines neuen Staatsbegriffs dar, der den des liberalistischen Individualismus abgelöst haben könnte. Er sieht im Typ des sozialen Rechtsstaates eine „Staatszielbestimmung".

Demgegenüber vertrat Bachof, gefolgt von Ipsen und Abendroth, auf der gleichen Tagung[93] die Ansicht, daß es unumgänglich sei, den Begriff des Rechtstaates heute in neuer und besonderer Weise zu bestimmen: nicht

---

87 Grundgesetz, S. 64.
88 Grundgesetz, S. 153.
89 NJW 54, 1235.
90 a. a. O.
91 Rechtsstaat, S. 8 ff. (26).
92 Rechtsstaat, S. 27 ff.
93 Rechtsstaat, S. 37 ff. (38/39).

als Restauration des bürgerlichen Rechtsstaates mit der absolut verstandenen Einzelperson als Ausgangs- und Kulminationspunkt, sondern als eines staatlichen Gebildes, dessen zentraler Wert der Eigenwert und die Eigenständigkeit des Menschen schlechthin, die unantastbare Würde der menschlichen Persönlichkeit sei. Bachof sieht weiter zwischen rechtsstaatlichem und sozialstaalichem Prinzip keine echte Antinomie[94]. Der soziale Rechtsstaat beruht nach seiner Ansicht auf einem System des Ausgleichs. Er bedeute eine Absage sowohl an die Allmacht des Gesetzgebers, und zwar auf sozialordnendem Gebiet, als auch an die Bindungslosigkeit des Individuums und an die Autonomie der Sozialordnung. Nach Bachof handelt es sich um einen Rechtsgrundsatz, der zur sozialen Gestaltung der Rechtsordnung ermächtigt und beauftragt. Es kann hier nicht der Ort sein, das Für und Wider aller Meinungen zu erörtern, die sich im Anschluß an Ipsens berühmte Rektoratsrede über das Grundgesetz[95] zu dieser Frage gebildet haben[96].

Die Meinung, die dem Begriff des sozialen Rechtsstaates verfassungskräftige Aktualität zuerkennt, ist ständig im Vordringen begriffen. Selbst wenn man es nicht für angebracht hält, sich einer so weitreichenden Stellungnahme anzuschließen, läßt sich nicht leugnen, daß zumindest Ansätze für eine Neuorientierung in dieser Richtung vorhanden sind. Daß sich etwas Neues Bahn gebrochen hat, wird bestätigt durch eine Gesamtschau des Grundgesetzes. Es ist davon auszugehen, daß die Schöpfer jener Urkunde darauf bedacht waren, die Fehler, die zur inneren Zersetzung und dann zum Untergang der Weimarer Demokratie geführt haben, nicht mehr zu wiederholen. Einer dieser Fehler lag in der Überbetonung der Stellung des Individuums und in der dementsprechend mangelnden „Wahrung des Selbsterhaltungsgesetzes der Gemeinschaft"[97]. Eine Möglichkeit, das in Zukunft zu verhüten, bietet der soziale Rechtsstaat. Menger[98] sieht die veränderte staatsrechtliche Situation darin, daß im heutigen demokratischen Staate Bürger und Staat eine Einheit bildeten und der Staat nur die Organisationsform für die „Genossenschaft" der Bürger sei. Er meint, der Staat habe damit — weil er die Spannung von Individuum und Gemeinschaft gleichsam in sich aufnehme — notwendig eine Einbuße an innerer Geschlossenheit erlitten. In einem solchen Staat sei zwar der Schutz des Individuums gegen die Willkür der Bürokratie durchaus nicht überflüssig geworden. Stärker als in dem alten Obrigkeitstaate aber stelle sich hier das Problem, die staatlich organisierte Gemeinschaft gegen den

[94] Ausdrücklich a. A. Forsthoff, Rechtsstaat, S. 19.

[95] Grundgesetz, S. 19.

[96] Vgl. außer den Genannten: Fechner, Freiheit und Zwang im sozialen Rechtsstaat, 1953; Gerber, Sozialstaatsklausel, AöR, NF, Bd. 42, 1 ff.; Klein, Bonner Grundgesetz und Rechtsstaat, ZgesStW 1950, S. 390 ff.; Menger, Rechtsstaat, 1953; Werner, Sozialstaatliche Tendenzen in der Rechtsprechung, AöR, NF, Bd. 42, 84 ff.

[97] Ausdruck von Menger, Rechtsstaat, S. 27.

[98] Rechtsstaat, S. 26.

Egoismus der einzelnen abzuschirmen. Der soziale Rechtsstaat verlange daher auch vom Bürger Rücksichtnahme gegen seinen Staat. Nicht mehr das einseitige Zurückweichen des Staates vor dem ungehemmten Sich-Ausleben des Individuums charakterisiere diesen Staatstypus, wie einst den liberalen Rechtsstaat, sondern die gegenseitige Rücksichtnahme.

Diese Grundgedanken sozialer Rechtsstaatlichkeit, denen zuzustimmen ist, erstrecken ihre Wirkungen in alle Bereiche des Lebens, die von staatlicher Tätigkeit erfaßt oder doch zumindest erfaßbar sind. Auch das Verwaltungsrecht ist davon nicht ausgenommen. Es hat sich an diesen Gedanken auszurichten und seine Begriffe mit ihnen in Einklang zu bringen.

c) Der Einfluß des Sozialstaatsgedankens auf das subjektiv-öffentliche Recht

Es ist festzustellen, daß sich das Verhältnis des einzelnen zum Staat, das auf der Auffassung eines Gewaltunterwerfungs-Vertrages beruhte, gewandelt hat. Zwar stehen sich beide auch heute noch als „Anspruchsgegner" gegenüber, doch muß die bisher durch das „Gegenüber" bedingte, in etwa „feindselige" Spannung als beseitigt angesehen werden. Es geht im sozialen Rechtsstaat nicht an, daß der einzelne, als Glied einer Gemeinschaft verstanden, nur auf die Festigung seiner Position gegenüber dem Staat bedacht ist. Die Verantwortung, die er in verstärktem Maße für das Ganze auf sich nehmen muß, hat das Staat-Untertan-Verhältnis nicht beseitigt, läßt es aber in einem anderen Licht erscheinen.

Diese Annäherung der Positionen von Staat und einzelnem, bedingt durch das Tragen der gleichen Pflichten, muß dazu führen, auch die bisher einseitig betonte Schutzfunktion des subjektiv-öffentlichen Rechts gegen Eingriffe in die Sphäre des einzelnen von außen her zugunsten des Wohls der Gemeinschaft einzuschränken. Hier wird die Tendenz sichtbar, weg von bloß subjektiven Ansprüchen zu einem wieder mehr objektiv orientierten Schutzsystem zu gelangen. Selbstverständlich ist, daß diese Einschränkung dort ihre Grenzen findet, wo der vorstaatliche, vom Grundgesetz anerkannte Eigenbereich des Bürgers beginnt.

Schließlich wird sich der Staatsbürger in der veränderten verfassungsrechtlichen Situation freiwillig in der Durchsetzung und Ausübung seiner „Rechte" beschränken müssen. Wenn er vom Staat Leistungen fordern zu müssen glaubt, dann wird er auf seine Rechte nur solange pochen dürfen, als er damit nicht die Belange der anderen Mitglieder der Staatsgemeinschaft in Gefahr bringt.

Die Zusammenfassung der einzelnen Aspekte ergibt ein neues Bild des subjektiv-öffentlichen Rechts, das begrifflich nicht von dem jahrzehntelang gebrauchten abweicht, dem Begriff aber einen den Forderungen der Verfassungswirklichkeit entsprechenden Inhalt verleiht. Das subjektiv-öffentliche Recht des liberalen Rechtsstaates als Ausdruck eines fast schrankenlosen Individualismus ist ersetzt durch das des sozialen Rechtsstaates. Das Einzelinteresse hat wieder Rücksicht auf das bonum commune zu nehmen. Was sich damit nicht vereinbaren läßt, kann auch als schutzwertes Interesse nicht anerkannt werden. Nur so läßt sich eine sinnvolle Staatsordnung bauen. Eine Auffassung, die das öffentliche Interesse als bloße Summe aller Interessen einzelner versteht, birgt in sich von Anfang an ein Element der Auflösung. Die Rechtsposition des einzelnen, aus der heraus er gegen den Staat vorgeht, wird bestimmt durch seine Stellung in der Gemeinschaft, die letztlich mit einem Kollektiv nicht identisch ist. Sein Vorgehen hat sich auszurichten an den Belangen des Gemeinwohls, das nicht zu verwechseln ist mit der „utilitas publica". Es soll ein rechtlich vernünftiger Ausgleich zwischen den Interessen des einzelnen und denen der Gemeinschaft herbeigeführt werden.

Dabei darf abschließend nicht verschwiegen werden, daß auch eine übersteigerte Berücksichtigung sozialstaatlicher Gesichtspunkte gewisse Gefahren in sich birgt. So hat z. B. das BVerwG[99] entschieden, daß unanfechtbar gewordene begünstigende Verwaltungsakte, die gegen zwingende Normen des materiellen Verwaltungsrechts ergangen sind, im Einzelfall nicht widerrufen werden können, wenn sozialstaatliche Erwägungen entgegenstünden. Es wird die Tendenz sichtbar, vom extremen Rechtsstaat in den extremen Sozialstaat zu fallen. Forsthoff[100] sieht darin die praktische Preisgabe des Rechtsgrundsatzes der Gesetzmäßigkeit der Verwaltung. Hier muß es in der Zukunft Aufgabe von Rechtsprechung und Wissenschaft sein, die bestehenden Spannungen Rechtsstaat—Sozialstaat und die sich aus diesem Verhältnis ergebenden Zweifelsfragen zu lösen.

Möglicherweise gelingt es, mit Hilfe des am Sozialstaatsgedanken ausgerichteten Begriffs des subjektiv-öffentlichen Rechts nicht nur eine Einschränkung seiner Ausübung, sondern auch eine zahlenmäßige Verringerung herbeizuführen. Im Augenblick scheint dem jedoch die Erfahrung zu widersprechen.

Bühler[101] erklärt die Tendenz, Rechte zu gewähren, die bereits seit der Aufrichtung des demokratischen Staates 1919 ständig im Fortschreiten sei, mit dem Streben des Bürgers, möglichst nicht dem Ermessen der Behörde ausgeliefert zu sein, sondern ihr gegenüber jene feste Position einzunehmen, die nun einmal das Wesen des Rechts ausmache. Er meint auch, daß sich das Anwendungsgebiet der Figur des subjektiv-öffentlichen Rechts unendlich vergrößert habe. Mit dem Ausbau der Gesetzgebung in Richtung des Wirtschaftslenkungs-Staates, des Wohlfahrtsstaates, des Steuerstaates seien die Eingriffsmöglichkeiten, damit aber auch ihre Begrenzungen, aus denen sich Rechte des Bürgers ergäben, ins wahrhaft Unendliche gewachsen. Damit werde aber auch die Aufgabe, gegenüber der mehr oder weniger erdrückenden Staatsallmacht für den Bürger noch feste Positionen, Bereiche der Freiheit, zu sichern, in denen er sich entfalten könne,

[99] BVerwG 5, 312.
[100] Lehrbuch, 7. Aufl., Vorwort.
[101] Gedächtnisschrift, S. 269 ff. (272).

zu einem beherrschenden Problem der Nachkriegsentwicklung. Seine diesbezüglichen Ausführungen gipfeln in der Meinung, der Aktionsbereich dieses Begriffs habe sich in den letzten Jahrzehnten vervielfacht und mit einiger Übertreibung könne man vielleicht sogar sagen, daß die Ära der subjektiv-öffentlichen Rechte erst jetzt so recht begonnen habe.

Diese Entwicklung begrüßt Bühler. Es hat den Anschein, als sei sie von einem Teil des Schrifttums gefördert worden. So meint Huber[102], das subjektiv-öffentliche Recht bilde die Regel, der Rechtsreflex die Ausnahme. Es spreche rechtstechnisch im Zweifel eine Vermutung für das Vorliegen eines subjektiv-öffentlichen Rechts. In einem Rechtssystem, in dem der einzelne auch gegenüber der öffentlichen Verwaltung nicht als bloßer Rechtsuntertan, sondern als Rechtsperson, als Träger nicht nur von Pflichten, sondern auch von Rechten gelte, bedürfe es, um das Vorliegen eines subjektiv-öffentlichen Rechts zu verneinen, stets eines aus besonderen Rechtsgründen abzuleitenden Beweises. Daraus ergebe sich, daß in vielen Fällen, in denen herkömmlicherweise ein bloßer Rechtsreflex angenommen worden sei, heute ein subjektives Recht anerkannt werden müsse. Damit ist die bisherige Übung, das Vorliegen subjektiv-öffentlicher Rechte nur im Ausnahmefall anzunehmen, bereits in ihr Gegenteil verkehrt.

In der Tat hat es etwas Bestechendes, dem Bürger immer stärkere Möglichkeiten einzuräumen, sich gegenüber einem Staat zu verteidigen, der sich offensichtlich bereits in Lebensbereiche einmischt, die noch unlängst für ihn „tabu" waren. Diese Betrachtungsweise ist einseitig und wird dem Problem nicht gerecht. Sie richtet ihre Aufmerksamkeit zu wenig auf die zu erwartenden Folgen.

Vorab sei bemerkt, daß der einzelne sich nicht mehr darauf beschränkt, seine „Rechte" gegenüber dem Staat zu „verteidigen". Er ist längst dazu übergegangen, immer mehr von ihm zu fordern. Das läßt sich bis zu einem gewissen Grade damit erklären, daß der Bürger nach zwei großen Kriegen in verstärktem Maße auf die Unterstützung des Staates angewiesen ist, der sich die Freiheit nimmt, die Einzelheiten seiner Hilfeleistung zu regeln und auf diesem Wege ständig mehr Lebensbereiche in seine Einflußsphäre einbezieht. Andererseits ist die Beobachtung zu machen, daß der einzelne auch da, wo er sich noch selbst helfen könnte, bereits nach dem Eingreifen des Staates verlangt. Er verläßt sich in vielen Lagen auf die Hilfe eines falsch verstandenen Sozialstaates[103] und scheint dabei nicht zu spüren, wie sehr er ihn auf diese Weise aushöhlt und eine Entwicklung in Gang setzt, die stark zum „Wohlfahrtsstaat" hintendiert.

Damit der einzelne seine Forderungen rechtlich durchsetzen kann, müßte, und das interessiert hier vornehmlich, eine Auflösung des öffentlichen Rechts in Anspruchsbeziehungen erfolgen.

---

[102] a. a. O., Bd. I, S. 684/685.

[103] Dieses Dilemma kritisiert Jahrreiß, Mensch und Staat, S. 72, wenn er schreibt, unser aller Haltung sei zwiespältig. Tag für Tag werde protestiert, der Staat mische sich aber in alles ein; und gleich darauf rufe man in anderer Sache: Wo bleibt denn da der Staat?

Einer solchen Auflösung würden schon im Privatrecht, bei dem sogar die Regelung von Rechtsbeziehungen privater Anspruchsberechtigter stark im Vordergrund steht, erhebliche Bedenken entgegenstehen; denn jede Vermehrung von Ansprüchen hat eine Schwächung des objektiven Rechts zur Folge, das zur Beilegung von Rechtsstreitigkeiten im allgemeinen genügt. So machen auch tatsächlich in privatrechtlichen Kodifikationen Anspruchsnormen nur einen zahlenmäßig geringen Teil aus.

Untragbar ist eine Auflösung des öffentlichen Rechts in Anspruchsbeziehungen, da sie sich nicht mit dessen besonderen Aufgaben verträgt. Es sind überwiegend Gesichtspunkte des Staatsinteresses zu berücksichtigen. In noch stärkerem Maße als im Privatrecht steht das bonum commune im Vordergrund, das für das staatliche Handeln richtungweisend ist. Die Rechtsbeziehungen des Staates zu seinen einzelnen Bürgern stellen nur einen kleinen Teil des staatlichen Tätigkeitsbereichs dar. Die ständige Zunahme subjektiv-öffentlicher Rechte und eine daraus herrührende Vermehrung von Anspruchsbeziehungen über das erträgliche Maß hinaus ist also systemwidrig, weil sie dem Wesen der öffentlichen Rechtsordnung zuwiderläuft.

Es ist weiter zu bedenken, daß nach einem allgemeinen Erfahrungssatz in der Regel quantitative Zunahmen auf Kosten einer qualitativen Verschlechterung vor sich gehen; d. h. vorliegend: je mehr subjektiv-öffentliche Rechte sich durchsetzen, desto weniger Durchschlagskraft werden sie haben. Bereits heute ist abzusehen, daß die Entwicklung auf dem Gebiet der Grundrechte, die Krüger[104] dazu veranlaßte, von einer gewissen Grundrechtsmüdigkeit zu sprechen, auf dem Gebiete des subjektiv-öffentlichen Rechts ihre Parallele haben wird. Schließlich bedeutet die fast inflationistisch anmutende Zunahme subjektiv-öffentlicher Rechte die allmähliche unbewußte Aushöhlung der Verwaltungsfunktion. Die Auflösung der öffentlichen Rechtsordnung in einzelne Anspruchsbeziehungen verkleinert den Bereich für eine eigenverantwortliche Tätigkeit der Verwaltung, die eines ihrer Lebenselemente ist, und überträgt Gestaltungsmöglichkeiten den Gerichten. So kann es dazu kommen, daß der Verwaltungsrichter auf Grund von Verpflichtungsklagen (§ 42 VerwGO) immer häufiger zu bestimmen haben wird, wann und wie die Verwaltungsbehörden zu handeln haben.

Die Grundgedanken zum sozialen Rechtsstaat und die aus der Inflation subjektiv-öffentlicher Rechte zu erwartenden Folgen legen es mithin nahe, entgegen der zur Zeit noch herrschenden Meinung das Vorliegen subjektiv-öffentlicher Rechte nicht so ohne weiteres, sondern erst nach sorgsamer Erwägung des Für und Wider zu bejahen. Dabei wird insbesondere der Frage nach der ausreichenden materiell-rechtlichen Grundlage wie der nach dem Bedürfnis der Einführung neuer subjektiv-öffentlicher Rechte erhöhte Aufmerksamkeit zu widmen sein.

---

[104] a. a. O., S. 201.

Nach der hier vertretenen Auffassung liegt das Schwergewicht in der objektiven Rechtsordnung und nicht im subjektiven Recht des einzelnen. Damit ist aber für ihn nichts verloren; denn eine objektive Rechtsverletzung, die einen Bürger trifft, stört die gesamte Rechtsordnung[105]. Sie geht jeden an. Alle einzelnen, verbunden zur Gemeinschaft, haben auf Grund ihrer Stellung als Teil dieser Gemeinschaft Interesse an der Beseitigung der Verletzung[106].

Diese Gedankengänge werden auch bei dem Gegenstand der vorliegenden Untersuchung zu berücksichtigen sein.

III. Anhang: Das subjektiv-öffentliche Recht und der Reflex objektiven Rechts

Die Erörterung des subjektiv-öffentlichen Rechts wäre unvollständig, würde sie keine Abgrenzung zu dem innerlich verwandten Institut des Rechtsreflexes vornehmen. Dabei ist bereits eingangs auf die recht unglücklich gewählte Terminologie hinzuweisen. Der unbefangene Laie, der meint, aus einem „Recht" sei mindestens ein Anspruch ableitbar, könnte auf Grund der Wortfassung auch beim Reflexrecht zu dieser Auffassung gelangen. Das aber soll gerade hier nicht der Fall sein. Es empfiehlt sich darum, stattdessen von Rechtsreflexen zu sprechen[107]. Bachof meint, daß auch dieser Ausdruck, ohne Zusatz gebraucht, nicht ganz unmißverständlich sei, weil es neben den begünstigenden auch belastende Reflexe gebe. Nach seiner Ansicht hat dieser Umstand zu der häufigen Bevorzugung des Ausdrucks „Reflexrecht" Anlaß gegeben. Vorliegend ist die genaue Differenzierung nicht erforderlich, so daß, ohne Verwirrung zu stiften, ganz allgemein von Rechtsreflexen[108] gesprochen werden kann. Damit sind nach meiner Ansicht ohnehin nur Reflexe des objektiven Rechts gemeint, gleichgültig ob begünstigende oder belastende.

1. Herkunft und Definition des Rechtsreflexes

Es wurde oben aufgezeigt, wie sich das subjektiv-öffentliche Recht aus Parallelen des privaten Rechts entwickelt hat. Die gleiche Entwicklung durchlief der öffentlichrechtliche Rechtsreflex. Auch er hat seine Wurzeln im Privatrecht. Der Begriff Rechtsreflex geht auf Rudolf v. Ihering zurück, der ihn in seinem Werk „Der Geist des römischen Rechts"[109] erstmalig

---

[105] Wertenbruch, Grundgesetz, S. 117.

[106] So im Ergebnis auch Marcic, a. a. O., S. 413.

[107] Vgl. statt aller Huber, a. a. O., Bd. I, S. 683; Bachof, Gedächtnisschrift, S. 287 ff. (291); Herrnritt, Grundlehren, S. 77.

[108] Über die Einteilung der Rechtsreflexe vgl. Wolff, Abwendungsanspruch, S. 125.

[109] Den folgenden Ausführungen ist die 8. Auflage des Werkes zugrunde gelegt, das die damaligen Bemerkungen beträchtlich modifiziert; vgl. 8. Aufl., 1954, III, 1, S. 351.

prägte. Er tat das am Beispiel eines Gesetzes, das im Interesse gewisser Fabrikationszweige Schutzzölle einführt. Diese kämen dem Fabrikanten zugute. Das Gesetz fördere, schütze ihn in seinem Geschäftsbetriebe und dennoch gewähre es ihm keine „Rechte". Ihering fragt, wie sich das mit seiner Definition vertrage, Rechte seien rechtlich geschützte Interessen, und gibt darauf selbst die Antwort: es liege hier nur eine bloße Reflexwirkung vor, ein Verhältnis, das allerdings mit dem Recht die größte Ähnlichkeit habe, aber um so sorgfältiger von ihm geschieden werden müsse. Der Staat erlasse das Gesetz in Wirklichkeit in seinem eigenen Interesse[110], welches hier freilich mit dem des Fabrikanten Hand in Hand gehe.

Die weiteren sich auf dieses Problem beziehenden Ausführungen interessieren hier nicht. Aus den bisher angeführten Darlegungen Iherings läßt sich dessen Auffassung vom Begriff des Rechtsreflexes hinreichend ablesen. Daran anknüpfend hat die Verwaltungsrechtswissenschaft in der Folgezeit ihre Begriffsbestimmung vorgenommen, die vor allem auf eine Einengung abstellte. Meinungsverschiedenheiten grundsätzlicher Art, wie sie bei der Begriffsbestimmung des subjektiv-öffentlichen Rechts zutage traten, gibt es hier kaum. So versteht man heute allgemein unter Rechtsreflexen rechtssatzmäßig festgelegte Pflichten der Verwaltungsbehörden dem einzelnen gegenüber, aus denen sich für ihn eine irgendwie geartete Begünstigung (unter Umständen auch eine Belastung) ergibt, ohne daß ihm ein Anspruch auf Erfüllung der Pflicht gegen die Behörde zusteht. Nach Bachof[111] handelt es sich um Wirkungen einer Rechtsnorm — sei es der Norm selbst, sei es einer kraft der Norm rechtlich relevanten Handlung —, die eine Person faktisch begünstigen oder belasten, ohne deren Bestand an Rechten oder Pflichten unmittelbar zu verändern.

2. Schwierigkeiten der Abgrenzung vom subjektiv-öffentlichen Recht

Schwierigkeiten treten auf, wenn es gilt, Rechtsreflex und subjektives öffentliches Recht voneinander abzugrenzen; denn beide Begriffsinhalte unterscheiden sich scheinbar durch kein äußeres Merkmal[112]. Diese Schwierigkeiten, die auch im Privatrecht vorhanden sind, sind auf dem Gebiet des öffentlichen Rechts allein deswegen ungleich größer, da „hier nicht wie im Privatrecht der rechtlichen Verpflichtung ein bestimmter Rechtsanspruch eines bestimmten Subjekts entspricht"[113]. Das Privatrecht ist vornehmlich auf den Ausgleich individueller Interessen gerichtet. Durch die einer Person auferlegte Verpflichtung soll das Interesse einer bestimmten anderen Person befriedigt werden. Daraus, so meint Bachof[114], ergebe sich die

[110] Zum Ihering'schen Begriff des Interesses vgl. Wertenbruch, Versuch, S. 57 ff.

[111] Gedächtnisschrift, S. 287 ff. (288).

[112] Fleiner, Institutionen, S. 176.

[113] Herrnritt, Grundlehren, S. 73.

[114] Gedächnisschrift, S. 287 ff. (290).

natürliche Folgerung, daß derjenigen Person, um deretwillen die Verpflichtung bestehe, auch ein Recht auf Einhaltung dieser Verpflichtung eingeräumt werde; denn die Verpflichtung sei allein um dieser Berechtigung willen da, nicht umgekehrt. Im öffentlichen Recht dagegen entspricht durchaus nicht jeder Verpflichtung eines Hoheitssubjekts auch eine Berechtigung einer Zivilperson. Das hängt mit den besonderen Aufgaben des öffentlichen Rechts zusammen, die auf eine Verbesserung der objektiven Rechtsordnung gerichtet sind. Zwar findet auch das Einzelinteresse mindestens mittelbar auf diese Weise seine Berücksichtigung, aber im Vordergrund steht doch das Gemeininteresse. Beide werden sich im allgemeinen nicht widersprechen; denn das Individualinteresse findet seine Grenze am Gemeininteresse, während das Gemeininteresse auch Vorteile für den einzelnen in sich schließen wird[115].

Bachof[116] bezeichnet diese Situation als eine „Gemengelage", die es unmöglich mache, ähnlich wie im bürgerlichen Recht davon auszugehen, daß jede Befehlsnorm einem Individualinteresse zu dienen bestimmt sei und ihr deshalb eine ungeschriebene Ermächtigungsnorm zur Seite stehe, die jemandem ein Recht auf Verwirklichung des in der Norm Gebotenen einräume.

3. Kriterien der Abgrenzung

Man bemühte sich frühzeitig, diese sich aus der Natur des öffentlichen Rechts ergebenden Abgrenzungsschwierigkeiten von subjektiv-öffentlichem Recht und Rechtsreflex zu überwinden und nahm die Klagebefugnis zur Hilfe. Sie sollte als Indiz für die Existenz eines subjektiv-öffentlichen Rechts dienen[117]. Doch erwies sich dieses Bemühen schon damals deswegen als aussichtslos, weil es viele subjektiv-öffentlichen Rechte gab, bei denen jeder Rechtsschutz versagt war, z. B. bei der Schließung von Zwangsverbänden, Berufsgenossenschaften und Krankenkassen, der Versagung der Genehmigung für gewerbliche Anlagen, der Untersagung des Handelns mit Gegenständen des täglichen Bedarfs[118]. Nach Einführung der Generalklausel genießen die subjektiv-öffentlichen Rechte in verstärktem Maße verwaltungsgerichtlichen Rechtsschutz. Außerdem werden heute von der Rechtsprechung zunehmend auch die Beeinträchtigung des „Status" und des „rechtlich geschützten Interesses" für eine Klage als ausreichend erachtet[119], so daß dieses Indiz schon aus dem Grunde versagen muß.

Auch andere zuverlässige äußere Kriterien für die Abgrenzung lassen sich nicht beibringen[120]. Von Turegg[121] geht sogar so weit zu behaupten,

[115] Vgl. Jellinek, System, S. 53; Bühler, Subj. öff. Rechte, S. 44 ff.
[116] Gedächtnisschrift, S. 287 ff. (290).
[117] Jellinek, System, S. 67 ff. (101).
[118] Huber, a. a. O., Bd. I, S. 683.
[119] Vgl. MDR 52, 1509, DÖV 53, 442; MDR 54, 505.
[120] Huber, a. a. O., Bd. I, S. 683.
[121] Verwaltungsrecht, S. 147.

daß sich allgemeine Abgrenzungsregeln nicht aufstellen ließen. Im Zweifel müsse derjenige, der sich auf ein Recht berufe, den Bestand darlegen. Dieses Ergebnis ist unbefriedigend, besonders weil vom einzelnen schwierige Nachweise gefordert werden, die er kaum wird erbringen können. Das Bestreben der Wissenschaft, Regeln für die Unterscheidung aufzustellen, ist darum verständlich. Daß tatsächlich Unterschiede bestehen, ist unbestreitbar[122]. Man wird die Entscheidung für oder gegen das Vorliegen eines Rechtsreflexes zunächst im positiven Recht zu suchen haben. Soweit es daran mangelt, wird die Abgrenzung mit Hilfe der wertenden Rechtsauslegung, und zwar aus dem Sinn und Zweck des einzelnen Rechtsinstituts und aus der verfassungsrechtlichen Gesamtstruktur des Staatswesens, vorzunehmen sein[123]. Schließlich wird man auch die jeweilige Interessenlage nicht außer acht lassen dürfen. Mit Blick auf die Struktur des Grundgesetzes meint Bachof[124], daß unter der Verfassungsordnung des Grundgesetzes alle objektivrechtlich gewährten und gewollten Begünstigungen des öffentlichen Rechts zu subjektiven Rechten geworden seien. Auch Friesenhahn[125] geht grundsätzlich von einer weiten Anerkennung subjektiver Rechte aus, meint jedoch, daß der Grundgesetzgeber es in der Hand habe, trotz Gewährung einer Begünstigung ein subjektives Recht zu verneinen, und daß gerade der Ausschluß des Rechtsweges das rechtstechnische Mittel zu einer solchen Verneinung sein könne. Und der VGH Karlsruhe[126] hat entschieden: „Auch wenn man dem Gesetzgeber das Recht zugestehen muß zu bestimmen, ob Vorschriften, die den einzelnen begünstigen, ihm auch ein Recht auf Einhaltung der Vorschriften gewähren, so muß man doch heute, dem Zuge der Zeit folgend[127], annehmen, daß Vorschriften, wie die genannten[128], den Begünstigten auch verwaltungsgerichtlich verfolgbare Rechte gewähren." In diesem Sinne äußert sich auch Huber[129].

Diesen Meinungen kann nicht gefolgt werden. Es ist zwar anzuerkennen, daß die verfassungsrechtliche Struktur auf die Abgrenzung der beiden Rechtsinstitute von Einfluß ist, doch beruhen die vorliegend gezogenen Schlüsse auf einer Verkennung des in der Verfassung umschriebenen Verhältnisses des einzelnen zum Staat. Hier wird wiederum, wenn auch in einem zum Teil anderen Blickwinkel, die Tendenz offenkundig, die bereits oben bei der Inhaltsbestimmung des subjektiv-öffentlichen Rechts als gefährlich gekennzeichnet wurde, nämlich unter Berufung auf das „Prinzip

---

[122] A. M. Kelsen, Hauptprobleme, S. 663.
[123] Vgl. Huber, a. a. O., Bd. I, S. 684.
[124] Rechtsstaat, S. 84, Leitsatz 26.
[125] a. a. O., S. 263.
[126] Entscheidung vom 3. 11. 1953, zit. bei Bachof, Gedächtnisschrift, S. 300, Fußn. 49.
[127] Sperrung vom Verfasser.
[128] Es handelt sich um § 5 Abs. 1 AuslPolVO.
[129] a. a. O., Bd. I, S. 684.

des unbedingten Rechtsstaates"[130] die Zahl der subjektiv-öffentlichen Rechte zu vergrößern. Auf die dort gemachten Ausführungen kann Bezug genommen werden. Sie treffen auch hier zu, sind allerdings ergänzungsbedürftig.

Die verfassungsrechtliche Entscheidung für den Sozialstaat führt beim subjektiv-öffentlichen Recht zu einer Einengung des Begriffs und zu seiner restriktiven Anwendung. Vorliegend wird durch ihre Berücksichtigung das gesamte Verhältnis des subjektiv-öffentlichen Rechts zum Reflex des objektiven Rechts verschoben. Insbesondere können Schwierigkeiten der Unterscheidung nicht ohne weiteres, wie es bisher geschehen ist, durch die Vermutung ausgeräumt werden, daß im Zweifel ein subjektiv-öffentliches Recht anzunehmen sei. Das subjektiv-öffentliche Recht, das als Regelfall angesehen wird, kann nicht dadurch verneint werden, daß es nunmehr in seinem Verhältnis zum Rechtsreflex als Ausnahme gewertet wird. Ein derartiges Vorgehen bedeutete eine unzulässige Vereinfachung des Problems, die zu einer Verzerrung des Verhältnisses führen würde. Eine Differenzierung ist unumgänglich. Es ist z. B. im Sinne der Gedankengänge, die aus dem Grundgesetz entwickelt wurden, wenn die Gerichte zunehmend ein subjektiv-öffentliches Recht auf Fürsorge anerkennen. Folgerichtig hat das BVerwG[131] diesen Rechtsanspruch aus der grundgesetzlichen „Leitidee" der „Auffassung über das Verhältnis des Menschen zum Staat" entwickelt. Der einzelne sei zwar der öffentlichen Gewalt unterworfen, aber nicht Untertan, sondern Bürger. Darum dürfe er in der Regel nicht lediglich Gegenstand staatlichen Handelns sein. Er werde vielmehr als selbständige, sittlich verantwortliche Persönlichkeit und deshalb als Träger von Rechten und Pflichten anerkannt.

Andererseits ist nicht einzusehen, warum man heute z. B. die Teilnahme am Gemeingebrauch als subjektiv-öffentliches Recht ansehen will. Aus dem Grundgesetz und seinen tragenden Ideen läßt sich das nicht schließen.

Die beiden Beispiele machen deutlich, daß es mit einem bloßen Umwerten nicht getan ist. Gleichsam kasuistisch wird festzustellen sein, in welche Kategorie sich der jeweilige Fall einpassen läßt. Dabei wird sich herausstellen, daß die verfassungsrechtlichen Grundsätze zwar eine Wandlung mancher subjektiver Rechte in Rechtsreflexe und umgekehrt bewirkt haben, jedoch keineswegs ursächlich für die Zunahme subjektiv-öffentlicher Rechte gewesen sind. Für die Vermutung, im Zweifel subjektiv-öffentliche Rechte anzunehmen, geben sie nichts her.

4. Züsammenfassung

Die Ausführungen lassen das Mißliche des Verhältnisses vom subjektiv-öffentlichen Recht zum Rechtsreflex offenbar werden. Scharfe begriffliche

---

130 Ausdruck von Huber, a. a. O., Bd. I, S. 684.
131 NJW 54, 1541 f.

Unterscheidungen sind nicht zu finden. Es ist nicht sehr erfreulich, bei der Abgrenzung Kasuistik betreiben zu müssen. So drängt sich die Frage auf, ob die ganze mehr oder minder gewaltsame und auch stellenweise willkürliche Unterscheidung heute noch einen Sinn hat. M. E. ist sie nach dem Grundgesetz als überholt anzusehen. Besteht nämlich das Wesen der Rechtsreflexe darin, daß die objektive Gesetzesordnung dem Staatsorgan oder einem sonstigen Träger hoheitlicher Befugnisse ein Verhalten vorschreibt, das den „Interessen" der Allgemeinheit oder einzelner indirekt zugute kommt, so ist damit etwas gesagt, was heute im Grundgesetz expressis verbis ausgedrückt ist. In Art. 1 Abs. 1 GG heißt es: „Die Würde des Menschen ist unantastbar. Sie zu achten und zu schützen ist Verpflichtung aller staatlichen Gewalt." Damit ist hinreichend deutlich umschrieben, wie sich der Staat gegenüber dem personalen Würden- und Rechtsstatus des Menschen zu verhalten hat. Ist hier nur allgemein und umfassend von der Verpflichtung des Staates die Rede, so finden sich Konkretisierungen dieser Pflichten an anderer Stelle, nämlich in einzelnen positiven oder gewohnheitsrechtlich anerkannten Normen. Dieser Auffassung gegenüber vermag auch der Einwand derjenigen nicht durchzuschlagen, die, durch Erfahrungen in der jüngsten Vergangenheit hellhörig geworden, darauf hinweisen, Art. 1 Abs. 1 GG enthalte eine bloße Deklaration, mit der der einzelne recht wenig anfangen könne. Geht man von der unmittelbaren „Nützlichkeit" aus, dann sind ihm die einzelnen Rechtsreflexe ebensowenig nützlich; denn auch sie geben ihm keine „subjektive Waffe" gegen den Staat in die Hand. Was hier zum Ausdruck kommt, ist vornehmlich ein großes Mißtrauen gegen das objektive Recht oder eine bloße objektivrechtliche „Rechtswidrigkeit". Immerhin dürfte aber eine verfassungsrechtliche Verankerung der Verpflichtungen des Staates wertvoller und sicherer sein als die Aufzählung einzelner Reflexwirkungen. Darüberhinaus bietet die jetzige grundgesetzliche Regelung dem Bürger letztlich mehr. Folgt man der Unterscheidung subjektiv-öffentliche Rechte — Reflexrechte, so ist der Staat dem einzelnen nur da verpflichtet, wo eines von beiden vorliegt. Nach der hier vertretenen Auffassung hat er *stets* im Interesse seiner Bürger zu handeln, weil jedes andere Verhalten — gemessen an Art. 1, 2 oder 3 GG — objektiv rechtswidrig ist. Die Unterscheidung ist auch überflüssig, soweit sie zur Förderung von Anspruchsstellungen dienen soll. Heute stehen nämlich im Grundgesetz Verfassungsnormen zur Verfügung, etwa Art. 2 Abs. 1 GG, die eine „Ableitung" weiterer Grund- oder sonstiger schutzwerter Rechte durchaus ermöglichen.

Zusammenfassend läßt sich sagen, daß im Geltungsbereich des Grundgesetzes kaum Raum, sicher aber kein Bedürfnis mehr für die Anerkennung von Rechtsreflexen besteht. Man sollte daher die Unterscheidung von subjektiv-öffentlichen Rechten und Rechtsreflexen möglichst bald fallenlassen. Sie sind durch die Entwicklung überholt.

§ 4
Das Ermessen

I. Begriffsbestimmung für die praktische Rechtsanwendung und der Grundsatz der Pflichtmäßigkeit

Auch die Erörterung des Ermessensbegriffs ist mit erheblichen Schwierigkeiten verbunden, da sein Inhalt umstritten ist und seine Grenzen unbestimmt sind[132]. Darüber hinaus sind so viele einschlägige wissenschaftliche Äußerungen vorhanden, daß es unmöglich erscheint, sie in einem dem Rahmen der Untersuchung angepaßten Maße zu berücksichtigen, ohne wesentliche Stellungnahmen außer acht zu lassen. Schwierigkeiten bestehen auch hinsichtlich der Terminologie, denn das Wort „Ermessen" wird in verschiedenem Zusammenhang gebraucht. So kennt man das gesetzgeberische, das richterliche und das Verwaltungsermessen; man stellt Handlungsermessen (volitives Ermessen) und Beurteilungs-, Urteils-, Prüfungs- und Subsumtionsermessen (kognitives Ermessen) gegenüber[133]. Schließlich hat man zwischen Tatbestands- und Rechtsfolgeermessen zu unterscheiden versucht[134].

Das alles ist dazu angetan, Verwirrung zu stiften. Es wird Aufgabe der Untersuchung sein, den Begriff, soweit erforderlich, zu umreißen und die mit ihm verbundene verfassungsrechtliche Problematik aufzuzeigen. Auch das Ermessen ist mit der staatsrechtlichen Situation auf vielerlei Art verwoben und von ihr abhängig.

Sieht man einmal von den verschiedenen wissenschaftlichen Meinungen ab, dann läßt sich Ermessenstätigkeit dahin umschreiben, daß eine Behörde innerhalb eines ihr eingeräumten Bereichs eigenverantwortlicher Tätigkeit nach eigenem Dafürhalten bei Vorliegen eines Sachverhalts eine Vielzahl von Entscheidungen treffen kann, die alle mit dem Gesetz in Einklang stehen; m. a. W. es können mehrere von einander abweichende Entscheidungen ergehen, die alle rechtmäßig sind[135]. Ermessen ist dann die Möglichkeit, aus der Vielzahl der denkbaren und rechtmäßigen Entscheidungen eine bestimmte auszuwählen.

Dieses Ermessen ist nicht aufzuspalten in freies und gebundenes, wie es eine weit verbreitete Lehre tut[136]. Das gebundene Ermessen soll dadurch charakterisiert sein, daß das handelnde Organ lediglich den gesetzlichen Willen zu vollführen hat. Eine vom Gesetzgeber unbeeinflußte Wahl zwischen mehreren Arten des Verhaltens, die Möglichkeit, eigene Ansichten über Opportunität, Billigkeit und dgl. zu verwirklichen, sei ihm nicht

---

[132] Forsthoff, Lehrbuch, S. 73.

[133] Bachof, JZ 55, 98; Bettermann, Gedächtnisschrift, S. 365 ff.; Flume, a. a. O., S. 97 ff.

[134] Engisch, Einführung, S. 116.

[135] Vgl. v. Turegg, Generalklausel, S. 60.

[136] Bühler, Subjektiv-öffentliche Rechte, S. 32 ff.; Thoma, VerwArch. 20, 444; Herrnritt, Grundlehren, S. 299; O. Mayer, a. a. O., Bd. I, S. 97 ff.

gewährt[137]. Der Richter oder Verwaltungsbeamte habe ohne Rücksicht auf das, was er selbst für zweckmäßig und billig halte, lediglich das zu vollziehen, was nach seinem besten Wissen und Gewissen der Gesetzgeber angeordnet hätte, wenn er den konkreten Fall statt durch eine abstrakte Norm durch ein Individualgesetz geregelt hätte[138].

Eine solche Unterscheidung führt leicht zu Verwirrungen. Es handelt sich in Wirklichkeit nicht um Ermessensanwendung, sondern um die Ausfüllung eines Rechtsbegriffs, d. h. um eine bloße Subsumtion, wobei keinerlei Ermessen zugelassen ist. Forsthoff[139] spricht in diesem Zusammenhang von „auslegender Rechtsanwendung"[140]. In der hier angestellten Untersuchung wird das Ermessen stets als sogenanntes „freies" verstanden. Des ausdrücklichen Zusatzes bedarf es wegen der Nichtanerkennung des Unterschiedes nicht. Ein solcher Zusatz empfiehlt sich auch deswegen nicht, weil er zu Mißverständnissen Anlaß geben kann. Es wäre denkbar anzunehmen, daß die Behörden, soweit ihnen Ermessen eingeräumt ist, eben „frei" nach ihrem Belieben oder gar willkürlich entscheiden dürften. Daß dem nicht so sein kann, ergibt sich bereits aus der besonderen Stellung der Verwaltung, die, anders als ein Privatmann, ihr Verhalten weitgehend an den Grundsätzen des Rechtsstaates ausrichten muß. Gemäß Art. 20 Abs. 3 GG ist die vollziehende Gewalt „an Gesetz und Recht" gebunden.

Ein Grundsatz, der an diese Verfassungsnorm anknüpft, ist der der Pflichtgebundenheit. Forsthoff[141] sieht ihn als durch den Rechtsstaat selbstverständlich gegeben an. Der Inhalt des Grundsatzes läßt sich dahingehend umschreiben, daß die Verwaltung bei ihrem Handeln den Gesetzeszweck so zu verwirklichen suchen muß, wie er sich ihr bei unvoreingenommener Betrachtungsweise darstellt. Die Ergebnisse einer solchen Betrachtung werden trotz größten Bemühens bei einzelnen Beamten unterschiedlich sein. Sie werden bereits beim einzelnen Beamten Veränderungen unterworfen sein, so daß sich die Auswirkungen dieses Grundsatzes nicht einmal für gleichgelagerte Fälle im voraus werden bestimmen lassen. Das macht deutlich, daß der Gesichtspunkt der Pflichtgebundenheit zwar nicht unbeachtet bleiben darf, ihm jedoch keinesfalls der Wert zukommt, der ihm in Literatur und Rechtsprechung vielfach beigemessen wird[142].

II. Die verfassungsrechtliche Problematik

Dennoch ist die verfassungsrechtliche Problematik nicht so einfach gelagert. Im Polizeistaat des 18. Jahrhunderts, der jegliches Individual-

---

[137] v. Laun, Ermessen, S. 55/56.

[138] Derselbe, Ermessen, S. 56.

[139] Lehrbuch, S. 74, Anm. 2.

[140] So auch im Ergebnis Wolff, Verwaltungsrecht, S. 115.

[141] Lehrbuch, 7. Aufl., S. 85.

[142] Vgl. zum Ganzen auch die Ausführungen Jellineks, Verwaltungsrecht, S. 29.

recht negierte, war das freie Ermessen der Grundsatz der Verwaltung. Eine irgendwie geartete Kontrolle bestand nicht. Erst der Übergang zum bürgerlichen Rechtsstaat, zur Gewaltenteilung und zur Anerkennung der individuellen Freiheitsrechte bedeutete die Einführung des Prinzips der Gesetzmäßigkeit der Verwaltung[143]; d. h. die Verwaltung war nunmehr an das Gesetz gebunden. Dem Ermessen wurden Schranken gesetzt. Jetzt erst wurde das Ermessen und seine Anwendung für den Bürger aktuell und ist es bis auf den heutigen Tag geblieben; denn hier glaubt der einzelne sich in eine Lage gedrängt, in der er der Verwaltung auf Gedeih und Verderb ausgeliefert ist.

1. Ermessensausübung und Grundgesetz

Dieses Gefühl des Ausgeliefertseins machte das Bestreben verständlich, den Ermessensbereich der Verwaltung weiter einzuschränken. Die Versuche der Einschränkung schienen eine willkommene Stütze im Grundgesetz zu finden. Nach seiner Einführung ging eine im Schrifttum vertretene Meinung dahin, die Einräumung des Ermessens und die Anwendung unbestimmter Rechtsbegriffe widersprächen den Grundgedanken des Rechtsstaates[144].

Sie verwechselt den „Rechtsstaat" mit dem Rechtswegestaat[145]. Rechtsstaat besteht nicht nur da, wo der Bürger letztlich gegen hoheitliche Maßnahmen den Rechtsweg beschreiten kann. Darüber hinaus berücksichtigt diese Meinung nicht, daß dem Rechtsstaatgedanken durch das Prinzip der Gesetzmäßigkeit der Verwaltung und damit auch durch das des Ermessens weitgehend Rechnung getragen wird[146]. In dieser Schärfe ist diese Meinung nirgends mehr zu finden. Es ist heute zu Recht allgemein anerkannt, daß der Verwaltung das freie Ermessen nicht entzogen werden darf, weil sie „nicht bloß Rechtsanwendung, sondern eigenes schöpferisches Handeln weitgehend auf Grund eigener Initiative darstellt[147]. Den in der Ermessenseinräumung liegenden „Unsicherheitsfaktor"[148] wird man in Kauf nehmen

---

[143] Forsthoff, Lehrbuch, S. 31.

[144] Zu den Konsequenzen, zu denen diese Meinung führte, vgl. den Entwurf eines Bayrischen Polizeiaufgabengesetzes (zit. bei Bachof, Rechtsstaat, S. 37 ff.), wo es heißt, der Entwurf halte eine Generalermächtigung der Polizei zum Handeln in der Form, wie dies durch § 14 des Preußischen PVG geschehen sei, mit der heutigen Auffassung vom Rechtsstaat und der Gesetzmäßigkeit der Verwaltung nicht mehr für vereinbar, da die unbestimmten, heute so und morgen anders auslegbaren Begriffe „Öffentliche Sicherheit und Ordnung" als Ermächtigungsnormen zu Eingriffen in die Freiheitssphäre des Staatsbürgers nicht geeignet erschienen.

[145] Wolff, Verwaltungsrecht, S. 130.

[146] Dürig, a. a. O., S. 585 ff., ist der Ansicht, daß dieser Grundsatz unter dem Einfluß des GG zum Grundsatz der „unmittelbaren Verfassungsmäßigkeit der Verwaltung" pointiert worden sei.

[147] Peters, Lehrbuch, S. 10.

[148] Bachof, Rechtsstaat, S. 68.

müssen. Er wird ausgeglichen durch die ungleich größere Möglichkeit der Verwaltung, gestaltend tätig zu werden und sich dem raschen Wechsel im Leben anzupassen. Überdies würde der Sinn des sozialen Rechtsstaates durch ein ständiges Bindenwollen der Verwaltung an Gesetze verfehlt oder sogar in sein Gegenteil verkehrt; denn die Gesetzgebung würde den zu regelnden konkreten Tatbeständen stets nachhinken. Wollte die Verwaltung immer erst auf eine normative und bis ins einzelne gehende Regelung für ihr Verhalten warten, müßten viele Fälle unerledigt bleiben, die einer Lösung dringend harren[149].

Trotz dieser Erkenntnis ist allenthalben der Versuch zu beobachten, diesen Bereich selbständigen und eigenverantwortlichen Handelns der Verwaltung möglichst einzuschränken. Das geschieht unter Berufung auf Normen des Grundgesetzes, das nach den Worten Dürigs[150] gewaltige Änderungen im System des materiellen Verwaltungsrechts bewirkt haben soll. Es läßt sich in der Tat nicht leugnen, daß verfassungsrechtliche Veränderungen eingetreten sind, die von Einfluß auf den hier zur Erörterung stehenden Problemkreis gewesen sind.

Es ist ferner selbstverständlich und bedarf keiner Erwähnung, daß die Verwaltung bei der Ausübung des Ermessens die verfassungsrechtliche Neuorientierung zu berücksichtigen haben wird. Sie wird sich nicht damit begnügen dürfen, die Grundrechte nur zu respektieren, sondern muß ihnen durch ihre Entscheidungen aktuelle Wirksamkeit verleihen. Dabei wird speziell auf dem Gebiet des Ermessens z. B. der Gleichheitsgrundsatz zu berücksichtigen sein[151].

2. Unbestimmte Ermächtigungen und Art. 19 Abs. 4 GG

Ist unbedenklich zu bejahen, daß die Ermessensausübung mit dem Grundgesetz vereinbar ist, so ergeben sich aber Bedenken, ob die Anerkennung von unbestimmten Ermächtigungen, die dann zu Ermessens- oder unbestimmten Rechtsbegriffen verdichtet werden, mit Art. 19 Abs. 4 GG in Widerspruch steht. Die Möglichkeit eines solchen Widerspruchs scheint das Bundesverwaltungsgericht zumindest zu erwägen. In einer Entscheidung heißt es, durch unbestimmte Ermächtigungen werde „der dem Bürger in Art. 19 Abs. 4 GG gewährleistete Gerichtsschutz in Frage gestellt, da die Tätigkeit der Verwaltung bei nicht genügender Bestimmtheit und Begrenztheit ihrer Befugnisse kaum noch gerichtlich überprüft werden kann"[152]. In ähnlichem Sinn hat sich das Bundesverfassungsgericht[153] geäußert. Der Gesetzgeber dürfe sich seines Rechtes, die Schranken der Freiheit zu bestimmen, nicht dadurch begeben, daß er mittels einer vagen

[149] Auf diesen Gesichtspunkt der Zweckmäßigkeit weisen u. a. auch Bachof, Rechtsstaat, S. 68, und Wolff, Verwaltungsrecht, S. 130, hin.

[150] JZ 53, S. 535.

[151] Vgl. dazu Bachof, Klage, S. 72.

[152] BVerwGE 2, 114.

[153] JZ 57, 167 ff. (169).

Generalklausel die Grenzziehung im einzelnen dem Ermessen der Verwaltung überlasse. Diese Äußerung ist getragen von der ratio, den Gesetzgeber zur Fassung möglichst präziser Ermächtigungsnormen zu veranlassen, um eine übermäßige Erweiterung der Eingriffsmöglichkeiten der Verwaltung ohne Kontrolle durch den Gesetzgeber zu verhindern.

Im übrigen ist darauf hinzuweisen, daß dem einzelnen durch unbestimmte Ermächtigungen der in Art. 19 Abs. 4 GG garantierte Rechtsschutz nicht geschmälert oder gar genommen werden darf. Wird eine unbestimmte Ermächtigung zu einem unbestimmten Rechtsbegriff konkretisiert, dann unterliegt dieser ohnehin als justiziabler Rechtsbegriff der verwaltungsgerichtlichen Nachprüfung. Erfolgt ihre Konkretisierung zum Ermessensbegriff, dann ist die darauf beruhende Ermessensentscheidung grundsätzlich dahingehend überprüfbar, ob die Behörde sich eines Ermessensfehlers schuldig gemacht hat, durch den der Betroffene in seinen Rechten verletzt wurde. Diese Prüfung setzt logischerweise die voraus, ob die Behörde überhaupt berechtigt war, nach ihrem Ermessen zu entscheiden. Ein von gerichtlicher Kontrolle freier Raum besteht dann nur insoweit, als sich die Behörde fehlerfrei innerhalb des ihr gesetzlich zuerkannten Ermessensspielraums bewegt. Das mag als Nachteil empfunden werden, ändert aber nichts an der Tatsache, daß die Frage, ob überhaupt ein Ermessensraum anzuerkennen ist, gerichtlich nachprüfbar ist. Auch aus diesen Überlegungen heraus vermögen die Äußerungen des Bundesverwaltungsgerichts und des Bundesverfassungsgerichts keine ernsten Bedenken hervorzubringen. Wenn sich jemand in seinen Rechten verletzt fühlt, so steht ihm auch im Bereich der unbestimmten Rechtsbegriffe der Rechtsweg offen. Aber auch auf dem Gebiet des Ermessens ist er nicht rechtsschutzlos, denn gegen Willkür der Behörden wird er durch Überprüfung der Ausübung des Ermessens immer geschützt.

3. Das grundrechtseinschränkende Ermessen

Verfassungsrechtlich von Bedeutung ist weiterhin die Frage, inwieweit die Unterscheidung von Ermessens- und Rechtsbegriffen in der Ebene des Verwaltungsrechts de lege lata dort aufrechterhalten werden darf, wo ein belastender Verwaltungsakt sich als Eingriff in ein Grundrecht darstellt. An Hand eines Beispiels lautet das Problem: Ist die Bedürfnisprüfung, die das Grundrecht des Art. 12 GG einschränkt, unüberprüfbare Ermessensanwendung oder handelt es sich dabei um einen Rechtsbegriff, der der verwaltungsgerichtlichen Kontrolle unterliegt?

Letzteres bejaht aus verfassungsrechtlicher Sicht z. B. Dürig[154]. Er meint, eine Eingriffsmöglichkeit, deren Realisierung lediglich von subjektiven Zweckmäßigkeits- und Billigkeitserwägungen, also vom Ermessen der Exekutivorgane, abhänge, würde das Grundrecht zur staatlichen Totaldisposition stellen. Wenn man überhaupt das Gebot des Art. 19

[154] JZ 53, 535.

Abs. 2 GG ernst nehmen wolle, dann müsse der Wesensgehalt der zum subjektiv-öffentlichen Recht aktualisierten Grundrechte mindestens in ihrer Festigkeit gegenüber Unerkennbarkeit, Unberechenbarkeit und Unmeßbarkeit der staatlichen Eingriffsmöglichkeiten bestehen. Mit der herrschenden Meinung kommt er zu dem Ergebnis, daß Gesetze, die grundrechtseinschränkendes Ermessen zuließen, gegen Art. 19 Abs. 2 GG verstoßen. Dahinter steht der Gedanke, daß es nur dem Gesetzgeber überlassen sein kann zu bestimmen, inwieweit Grundrechte zur Disposition stehen.

Damit dürfte man jedoch m. E. bei weitem über das Ziel dessen hinausschießen, was den Intentionen des Verfassungsgesetzgebers entspricht. Man käme zu dem Ergebnis, daß ein großer Teil von Generalermächtigungen (z. B. § 14 OBG trotz § 48 OBG NW, ferner § 14 PVG) wegen Verfassungswidrigkeit als nichtig zu betrachten wäre. Ein solches Ergebnis kann nicht befriedigen; es würde zu unannehmbaren Konsequenzen führen und die Verwaltung bei der Erfüllung ihrer Aufgaben über Gebühr hindern. Unter dieser Behinderung würde auch der Bürger mittelbar zu leiden haben.

Viele Ermessensmaßnahmen, deren Durchführung nur über den Weg einer Grundrechtseinschränkung möglich ist — man denke an Seuchenbekämpfung, Zwangsimpfungen zur Abwehr von Epidemien, Katastropheneinsätze und andere Ereignisse, die ein schnelles Handeln erforderlich machen —, müßten möglicherweise unterbleiben. Der solcherart der Für- und Vorsorgetätigkeit der Behörden beraubte Bürger wäre den Gefahren schutzlos preisgegeben. Auch aus Gründen der Praktikabilität wird es nicht zu umgehen sein, dahingehend zu differenzieren, daß grundrechtseinschränkendes Ermessen nur dann unzulässig ist, wenn seine Ausübung allein über ein Antasten des grundrechtlichen Wesensgehaltes möglich ist. Es hieße das Kind mit dem Bade ausschütten, wollte man alle die Fälle der Ermessensausübung, die zwar grundrechtseinschränkend wirken, den Wesensgehalt aber nicht antasten, als verfassungswidrig ansehen. Eine solche Forderung kann dem Grundgesetz nicht entnommen werden. Es wird nach geeigneten Wegen zu suchen sein, um hier eine systematisch befriedigende Lösung zu finden. Dabei bietet es sich an, mit v. Mangoldt-Klein[155] die durch das Grundgesetz hervorgerufene Problematik dahingehend zu lösen, Abs. 2 des Art. 19 GG als Ermessensschranke anzusehen und damit ihre Überschreitung zur nachprüfbaren Ermessensfrage zu machen. Dieser Weg erscheint gangbar. Er erlaubt es, den verfassungsrechtlichen Grundgedanken gerecht zu werden, ohne die Verwaltung unverhältnismäßig und letztlich zum Schaden des Bürgers zu belasten.

III. Die Ermessensfehlerhaftigkeit

Die Erörterung des Ermessensbegriffs wäre unvollständig, würde sie nicht auf die Problematik der Ermessensfehlerhaftigkeit eingehen. Unter

---

[155] a. a. O., Art. 19, Anm. V 6 c.

dieser Sammelbezeichnung pflegt man alle die Fälle von Ermessensanwendung zusammenzufassen, bei denen feststeht, daß von dem Ermessen nicht im Sinne des Gesetzes Gebrauch gemacht wurde und die deshalb rechtlich zu fehlerhaften (rechtswidrigen) Maßnahmen geführt haben.

Angezeigt ist diese Untersuchung bereits deswegen, weil sich aus der Bestimmung des Begriffs der Fehlerhaftigkeit zugleich durch einen Umkehrschluß klarstellen läßt, was unter „fehlerfreier Ermessensanwendung" verstanden wird. Sie ist ein Teil des Untersuchungsgegenstandes.

Erschwert wird die Erörterung dadurch, daß sich trotz des lange andauernden Streits auf diesem Gebiet bisher nicht einmal eine einheitliche, die auftretenden Begriffe scharf voneinander trennende Terminologie herausgebildet hat[156]. Dieses Durcheinander, das durch mangelnde terminologische Unterscheidungen bedingt ist, wird noch vergrößert durch die Vielfalt von Versuchen, die es darauf anlegten, die verschiedenen Ermessensfehler zusammenzustellen und in ein System einzuordnen. Sie vermögen alle nicht recht zu befriedigen. Forsthoff[157] scheint recht zu haben, wenn er ausführt, daß alle Systematisierungsversuche wenig Aussicht auf Erfolg versprächen. Seinen Ausführungen kann nur zugestimmt werden. Erklären läßt sich dieser Umstand wahrscheinlich nur aus der Eigenart der Materie, die einer Systematisierung offenbar nur schwer zugänglich ist. Mit Rücksicht darauf soll auch jede Auseinandersetzung mit den verschiedenen, von der Literatur unterbreiteten Lösungsvorschlägen vermieden werden, zumal es für die vorliegende Untersuchung auf eine Systematisierung nicht ankommt.

Die Begriffsunklarheiten dürfen im übrigen nicht darüber hinwegtäuschen, daß grundlegende Entwicklungslinien bestehen. Sie haben ihren Niederschlag in den einschlägigen Verwaltungsrechtsnormen gefunden, die hier kurz zusammengefaßt aufzuzeigen sind.

Es lassen sich zwei große Gruppen von Ermessensfehlern unterscheiden: die inneren und die äußeren. Äußere Ermessensfehler liegen vor, wenn die Behörde die ihr vom Gesetz gezogenen Schranken für die Ermessensausübung überschreitet. Verweigert z. B. eine Behörde einen Wandergewerbeschein, obwohl keiner der in §§ 57, 57 a GewO genannten Gründe vorliegt, so spricht man von einer Ermessensüberschreitung. Alle anderen Fehler sind sogenannte innere Ermessensfehler. Bei ihnen, die unter dem Begriff des Ermessensfehlgebrauchs[158] zusammengefaßt werden sollen, hält die Behörde sich zwar innerhalb der Grenzen, wird jedoch den vom Gesetz gestellten Forderungen nicht gerecht, sei es, daß sie beispielsweise sachfremde Erwägungen anstellt (Ermessensmißbrauch), den Grundsatz der Pflichtgebundenheit außer acht läßt oder von dem ihr eingeräumten

---

[156] Klinger, a. a. O., S. 163.

[157] Lehrbuch, S. 74.

[158] Hier schwankt die Terminologie erheblich. Man findet stattdessen oft den Begriff „Ermessensmißbrauch".

Ermessensspielraum aus irgendeinem Grunde keinen Gebrauch macht (Ermessensmangel)[159].

Fehlerfrei sind also solche Ermessensentscheidungen, die nicht einen der vorstehend genannten Fehler aufweisen. Das Ermessen ist immer dann fehlerfrei angewandt, wenn die Behördenentscheidung weder die vom Gesetz gezogenen äußeren Grenzen überschreitet, noch an Ermessensfehlgebrauch leidet. Das sind die Rechtsfehler, die der verwaltungsgerichtlichen Kontrolle auf jeden Fall unterliegen. Nicht unterliegt ihr die Prüfung, ob das Ermessen zu einer anderen Entscheidung als der tatsächlich getroffenen hätte führen können.

Damit wird die Problematik der „Richtigkeit" einer Ermessensentscheidung angerührt. Zu ihr hat sich gerade im Zusammenhang mit dem subjektiv-öffentlichen Recht auf fehlerfreien Ermessensgebrauch Walter Jellinek[160] geäußert. Er führt aus, daß ein subjektiv-öffentliches Recht des einzelnen gegen den Staat auf richtige Ausübung des freien Ermessens nicht bestehe, soweit hier das „richtig" vom Standpunkt der Zweckmäßigkeitserwägungen betrachtet werde[161]. Dem ist zuzustimmen; denn das Wesen des Ermessens besteht ja gerade darin, die Möglichkeit zu eröffnen, daß im Bereich von Zweckmäßigkeitserwägungen mehrere Verwaltungsentscheidungen getroffen werden können, von denen jede „richtig" ist. Die „Rechtskontrolle" achtet die gesetzlich erlaubte Zweckmäßigkeits-Entscheidung.

---

[159] Vgl. zum Ganzen die als gelungen zu bezeichnende Wortfassung des § 23 Abs. 3 MRVO 165.

[160] Besprechung, S. 580 ff. (593).

[161] Vgl. auch die Ausführungen Bachofs, Klage, S. 69, Fußn. 17.

Drittes Kapitel

DIE MÖGLICHEN MATERIELL-RECHTLICHEN GRUNDLAGEN DES SUBJEKTIV-ÖFFENTLICHEN RECHTS AUF FEHLERFREIEN ERMESSENSGEBRAUCH

Nach Klarstellung der für die Untersuchung wesentlichen Grundbegriffe soll nun versucht werden, die Frage nach der materiell-rechtlichen Grundlage des subjektiv-öffentlichen Rechts auf fehlerfreien Ermessensgebrauch zu beantworten.

Diesem Versuch wird zweckmäßigerweise die oben[162] vorgenommene Unterscheidung zwischen dem subjektiv-öffentlichen Recht auf fehlerfreien Ermessensgebrauch als Unterfall eines sogenannten allgemeinen Unterlassungsanspruchs und als selbständiger, auf ein Tätigwerden gerichteter Anspruch zugrunde gelegt.

§ 5

Das subjektiv-öffentliche Recht auf fehlerfreien Ermessensgebrauch als Unterfall eines öffentlich-rechtlichen Unterlassungsanspruchs

Vorauszuschicken ist, daß direkte „Unterlassungsansprüche" im öffentlichen Recht begrifflich durchaus denkbar sind, wenn sie auch aus der Natur der Sache heraus weitaus seltener sein werden als Ansprüche, die auf ein Tun gerichtet sind. Diese Auffassung wird auch nicht dadurch in Frage gestellt, daß z. B. fast alle Grundrechte aus dem status libertatis fließen.

Von einem Anspruch auf ein Tun wird zu sprechen sein, wenn ein Hoheitsträger in einer bestimmten, durch den Anspruch umschriebenen Art tätig werden soll[163]. Im Gegensatz dazu muß ein Unterlassungsanspruch dann vorliegen, wenn die Rechtsordnung einem Rechtsträger durch Gewährung eines subjektiv-öffentlichen Rechts einen für die Hoheitsverwaltung unangreifbaren Raum schafft[164]. Daß beide Arten von Ansprüchen ihre Rechtsgrundlage im materiellen Recht haben müssen, ist bereits dargelegt.

---

[162] Vgl. die Ausführungen oben S. 7 ff.

[163] v. Turegg, Generalklausel, S. 41.

[164] v. Turegg, Generalklausel, S. 49.

Der Unterlassungsanspruch, um den es hier geht, ist nicht gleichzusetzen oder zu verwechseln mit dem „vorbeugenden" Unterlassungsanspruch, etwa im Sinne des im bürgerlichen Recht in Anlehnung an § 823 BGB geschaffenen Anspruchs. Ein Anspruch mit einem solchen Inhalt ist im öffentlichen Recht unzulässig. Das folgt aus dem in Art. 20 Abs. 2 GG zum Ausdruck gekommenen Prinzip der Trennung der Gewalten. Würde etwa ein Verwaltungsgericht einer Behörde generell verbieten können, gewisse beabsichtigte Verwaltungsakte zu erlassen, so würde es damit in den Bereich der Verwaltungstätigkeit eingreifen und das Gewaltenteilungsprinzip verletzen. Es läge dann eine Fortsetzung der Verwaltung mit anderen Mitteln vor. Das Gericht wäre zur Verwaltungsbehörde geworden. Die Aufgabe der Gerichte besteht aber darin, die Verwaltung zu „kontrollieren".

Versucht man nun, die gedankliche Verbindung zwischen einem sogenannten allgemeinen Unterlassungsanspruch und dem subjektiv-öffentlichen Recht auf fehlerfreien Ermessensgebrauch herzustellen, so bietet sich zur Verdeutlichung folgendes konstruiertes und auf einer Entscheidung des OVG Münster fußendes Beispiel an:

Der Gesetzgeber verbietet allgemein, im Grüngürtel von Köln zu bauen. Nur in Ausnahmefällen, nämlich bei Vorliegen eines öffentlichen Bedürfnisses[165], soll dem Antragsteller ein „Recht" auf die Erteilung der Ausnahmegenehmigung zustehen. Verneint nun die Behörde aus sach- oder zweckfremden Erwägungen das Vorliegen eines solchen Bedürfnisses — etwa weil der Antragsteller seine Steuern nicht bezahlt —, dann liegt ein Ermessensfehler vor. Die in das Ermessen der Behörde gestellte Entscheidung ist fehlerhaft. Der Ermessenfehler stellt eine objektive Rechtsverletzung dar. Verletzt ist die Norm, welche die Erteilung der Ausnahmegenehmigung regelt. Verletzt wäre dann a u c h das subjektiv-öffentliche Recht des Antragstellers, bei Vorliegen der gesetzlichen Voraussetzungen die Genehmigung zu erhalten. Der durch diese fehlerhafte Ermessensentscheidung Betroffene könnte gegen den versagenden Bescheid mit Erfolg vorgehen. Sein eigentlicher Anspruch ist auf ein Tun, nämlich auf die Erteilung des Dispenses, gerichtet.

Konstruktiv ist jedoch denkbar, daß der Antragsteller sich auch mit einem Unterlassungsanspruch gegen das Bauaufsichtsamt wendet. Die auf einem Ermessensfehler beruhende Versagung der Ausnahmegenehmigung stellt eine Rechtswidrigkeit dar, die der Baulustige auf Grund seines subjektiv-öffentlichen Rechts auf Erteilung der Genehmigung bei Vorliegen der Voraussetzungen nicht zu dulden braucht. Mit diesem Unterlassungsanspruch könnte er die Behörde anhalten, den Erlaß der fehlerhaften Ermessensentscheidung zu unterlassen. Da das im Ergebnis nichts anderes bedeutet, als daß sie ihr Ermessen fehlerfrei ausüben soll, könnte man den Unterlassungsanspruch sehr wohl als „Anspruch auf fehlerfreie Ermessensausübung" bezeichnen.

---

[165] Nach OVG Münster, DÖV 54, 187 (189) handelt es sich im Baufluchtlinienrecht insoweit um einen Ermessenbegriff.

Seine Existenz als spezieller Unterfall eines allgemeinen öffentlich-rechtlichen Unterlassungsanspruchs setzt das Bestehen eines solchen Anspruchs voraus.

I. Die Frage nach der materiell-rechtlichen Grundlage eines allgemeinen öffentlich-rechtlichen Unterlassungsanspruchs und Art. 2 Abs. 1 GG

Es ist die Frage gestellt, ob sich im materiellen Recht eine Rechtsgrundlage für den Unterlassungsanspruch finden läßt. Die Meinungen darüber gehen auseinander. Peters[166] verneint diese Frage. Er meint, ein subjektiv-öffentliches Recht auf Unterlassung rechtswidriger Eingriffe von Behörden sei der geltenden Rechtsordnung fremd. Dieser eindeutigen Feststellung steht das Bemühen anderer Wissenschaftler gegenüber, einen derartigen Anspruch herauszuarbeiten. So ging man bereits früh daran, den Grundsatz vom „Vorbehalt des Gesetzes", der Eingriffe in Eigentum und Freiheit nur auf Grund eines Gesetzes zuläßt, zu einem Rechtsanspruch des einzelnen auf Unterlassung gesetzwidriger staatlicher Eingriffe auszubauen. Dieses Bemühen mag seine geistesgeschichtliche Wurzel im Rechtsdenken des Liberalismus haben, der bestrebt war, den Staat nur in dem engen Bereich wirken zu lassen, in dem absolut nicht mehr ohne ihn auszukommen war. Nebinger kennzeichnet diese Situation als „Negation der staatlichen Kompetenz"[167].

Die wissenschaftlichen Versuche, die zu keinem exakten Ergebnis führten und dann durch die Herrschaft des Nationalsozialismus eine gewaltsame Unterbrechung erfuhren, haben nach dem Inkrafttreten des Grundgesetzes neuen Auftrieb erfahren.

So meint neuerdings Dürig[168], das Hauptfreiheitsrecht des Art. 2 Abs. 1 GG habe in bisher kaum gesehener Folgerichtigkeit ein weiteres ... subjektives Recht unbezweifelbar gemacht. Er will in Art. 2 Abs. 1 GG als Minimalgehalt zunächst einmal für alle praktisch werdenden Beeinträchtigungen der Freiheit ein subjektives Recht auf Gesetzmäßigkeit des Eingriffs enthalten sehen. Dabei, so führt er aus, bestehe kein Grund zu kritisieren, daß sich der Grundsatz der „Gesetzmäßigkeit der Verwaltung" ohnehin aus Art. 20 Abs. 3 GG ergebe und infolgedessen Art. 2 Abs. 1 GG insoweit unter diesem Grundsatz „leerlaufe". Aus Art. 2 Abs. 1 GG soll sich ein einklagbares subjektives Recht auf Freiheit von irgendwelchen Belastungen mit Verbindlichkeiten ergeben, die dem Rechtsträger nicht obliegen. Insbesondere für die Verwaltungsgerichtsbarkeit mache damit Art. 2 Abs. 1 GG unbezweifelbar, daß es einen gerichtlich erzwingbaren Anspruch gebe, mit keiner nicht obliegenden Verbindlichkeit belastet zu werden. Dieses Recht soll dem formellen Recht auf fehlerfreien Ermessensgebrauch entsprechen.

---

[166] Lehrbuch, S. 148.

[167] a. a. O., S. 293.

[168] Maunz-Dürig, a. a. O., Anm. 26 zu Art. 2 GG.

In der Tat scheint Art. 2 Abs. 1 GG auf Grund seiner Wortfassung („Recht auf") geeignet, als materiell-rechtliche Grundlage eines allgemeinen öffentlich-rechtlichen Unterlassungsanspruchs zu dienen, der dem status libertatis zugehört.

Die Frage nach etwaigen Art. 2 Abs. 1 GG zu entnehmenden Ansprüchen umfaßt die weitere, ob diese Vorschrift überhaupt als Grundrecht anzusehen ist. Gelingt es, Art. 2 Abs. 1 GG als Grundrecht zu qualifizieren, dann steht gleichzeitig fest, daß es sich um ein subjektiv-öffentliches Recht handelt, aus dem Ansprüche, möglicherweise auch oder gar ausschließlich auf Unterlassung gerichtete, fließen können. Daß nämlich Grundrechtsnormen „Rechte" im Sinne von „Ansprüchen" gewähren, ist heute in Lehre und Rechtsprechung unbestritten. Der bis in die Zeit der Weimarer Reichsverfassung dauernde Streit um diese Fragen ist heute erledigt[169]. Es ist mit Recht allgemein anerkannt, daß Grundrechte ihrem Inhaber auch die Macht gewähren, sein „Recht" durchzusetzen. Versagte man ihnen diese Qualifikation, bliebe man auf halben Wege stehen. Das wäre in jeder Weise unbefriedigend.

II. Der Grundrechtscharakter des Art. 2 Abs. 1 GG

1. Zum Grundrechtsbegriff

Die Erörterung der Frage, ob Art. 2 Abs. 1 GG ein Grundrecht darstellt, führt notwendigerweise zum Grundrechtsbegriff, der zunächst festgelegt werden müßte. Dabei klingt es nicht gerade ermutigend, wenn Wertenbruch[170] feststellt, daß der Begriff keineswegs gesichert sei und an anderer Stelle[171] meint, eine akzeptable oder vom Grunde her überzeugende Definition könne zur Zeit kaum gewagt werden. Der Grundrechtsbegriff erweise sich als geisteswissenschaftlich unabgegrenzt, im wesentlichen unbegründet und damit unklar. Eine solche Behauptung nimmt wunder. Es erscheint kaum verständlich, daß ein Begriff, der überall gebraucht wird und schon fast einer abgegriffenen Münze gleicht, so ungeklärt sein soll. Diese Feststellung wird noch unverständlicher, wenn man bedenkt, daß die fundamentalen Freiheitsrechte, wie sie die Grundrechte darstellen, auf eine sehr lange Tradition zurückblicken. Schon früh lassen sich ihre ersten Ansätze beobachten.

Der hebräischen Theokratie, den griechischen Stadtstaaten und der römischen Republik war der Gedanke an eigene, von der Gemeinschaft verschiedene Rechte des einzelnen fremd[172]. Besonders in Griechenland war man allgemein der Überzeugung, daß die Einzelpersönlichkeit sich nur erfüllen könne, wenn sie in den Staat eingeordnet und seinen Zwecken

---

[169] Vgl. v. Mangoldt-Klein, a. a. O., Vorbem. A 6, 2 a.

[170] Grundgesetz, S. 30.

[171] Grundrechtsbegriff, S. 481 ff. (483).

[172] Planitz, a. a. O., S. 597 ff. (598).

dienstbar gemacht sei[173]. Doch bereits in der Philosophie der Stoiker (Parnetius und Cicero) leuchtet die Idee auf, daß es außerhalb des Staates begründete Rechte des einzelnen gebe[174]. Begriffe wie Vernunft, Gleichheit, Würde des Menschen rücken in den Vordergrund der Betrachtung, und man empfindet sie dunkel als Werte, die erhöht jenseits staatlicher Eingriffsmöglichkeiten stehen. Eine wesentliche, nicht zu unterschätzende Förderung erfuhren sie durch christliches Gedankengut[175]. In ihnen wird zum ersten Mal etwas bis dahin kaum Bekanntes spürbar, nämlich daß der Einzelmensch ohne jede Einschränkung Person ist, mit der Rechte verbunden sind, die ursprünglich, nicht abgeleitet, im natürlichen Recht wurzeln. Die Freiheitsrechte im heutigen Sinne tauchen zunächst in den antifeudalen Verfassungen[176] und in der Gesellschaftsordnung der mittelalterlichen Stadtstaaten in Italien auf. Hier gingen die entscheidenden Impulse von Thomas von Aquin aus, der die kirchliche Lehre vom Widerstandsrecht gegen ungerechte Herrscher mit den Ideen des Aristoteles verband und aus göttlichem Recht die Verpflichtung des Fürsten herleitete, Leben, Freiheit und Eigentum der Untertanen zu schützen[177]. Sie, die Freiheitsrechte, konnten sich jedoch in der in allen Bereichen straff „geordneten“ Welt des Mittelalters noch nicht durchsetzen. Wohl findet sich gegen Ende des Mittelalters in den Glaubensartikeln der Hussiten die Idee der religiösen Selbstbestimmung als Ausdruck des Protestes gegen den Totalitätsanspruch der katholischen Kirche. Diese Idee sprang in England im 17. Jahrhundert wie ein Funke in der puritanischen Revolution gegen den religiösen Fanatismus der Stuarts auf das politische Gebiet über und zeitigte die ersten Verfassungsurkunden, die Habeas Corpus Act (1679), die Bill of Rights (1688) und die Act of Settlement (1700)[178]. Gefördert durch die Philosophie der Aufklärung, durch die Gedankengänge von John Locke, Rousseau und Montesquieu fanden die Freiheits- bzw. Grundrechte ihren Niederschlag in der Menschenrechtserklärung von Virginia (1776) und in der französischen Erklärung der Menschen- und Bürgerrechte (1789). Seit dieser Zeit sind sie Bestandteil aller folgenden freiheitlichen Verfassungen.

Trotz dieser Tradition wird die oben getroffene Feststellung durch einen Blick in das Schrifttum bestätigt. Man begnügt sich allenthalben mit vagen Definitionen, wobei besonders auf die Wirkung der Grundrechte abgestellt wird[179]. Eine allgemein anerkannte und vom Geltungsgrund her gefolgerte sowie von anderen subjektiv-öffentlichen Rechten sich ohne weiteres abhebende Begriffsbestimmung gibt es nicht. Nach der hier ver-

---

[173] Planitz, a. a. O.

[174] Löwenstein, Verfassungslehre, S. 335 ff.

[175] Apelt, Weimarer Verfassung, S. 292.

[176] Geiger, Grundrechte, Sp. 1122 ff.

[177] Planitz, a. a. O., S. 601.

[178] Apelt, Weimarer Verfassung, S. 292, 293.

[179] Ein ausgezeichnetes Beispiel bietet die Begriffsbestimmung Thomas, Bedeutung, S. 19.

tretenen Meinung sind Grundrechte fundamentale, der Staatsordnung zugrunde liegende und im Regelfall auch verfassungsmäßig niedergelegte Rechtssätze, die demjenigen, zu dessen Schutz sie dienen sollen, gegenüber dem Staat durchsetzbare Ansprüche gewähren[180].

Diese Umschreibung soll und kann keine hinreichende und endgültige sein. Sie vermag jedoch gerade im vorliegenden Fall zu brauchbaren Ergebnissen zu führen, weil sie in erster Linie die Rechtswirkungen der Grundrechte berücksichtigt, auf die es vorliegend ankommt. Im übrigen kann sie für sich nicht in Anspruch nehmen, bestimmter oder weniger anfechtbar als andere zu sein. Das liegt daran, daß auch sie gewissermaßen beziehungslos im Raum schwebt. Es fehlt die umfassende Erörterung ihrer Fundamente und Begrenzungen.

Ursprung und Geltungsgrund der Grundrechte sind bislang ungeklärt geblieben und werden es wahrscheinlich auch noch längere Zeit hindurch bleiben. Dagegen ist die Frage ihrer effektiven Rechtswirkungen im Augenblick als geklärter anzusehen, wenn auch unklar bleibt, weshalb ihnen diese Wirkungen durch die Verfassung zuerkannt werden. Jedenfalls werden sie allgemein als subjektiv-öffentliche Rechte verstanden, die ihrem Inhaber durchsetzbare Ansprüche gewähren. Doch ist nicht zu übersehen, daß bereits Tendenzen sichtbar werden, die Grundrechte zu „objektivieren". Versuche in dieser Richtung hat neuerdings Marcic[181] gemacht. Er geht den Spuren eines „neuen Denkens"[182] nach, mit dem sich ein neues, viertes Zeitalter einleite, das geistesgeschichtlich Antike und Mittelalter mehr verwandt sei als der Neuzeit[183]. Das „neue Denken" verlange eine neue Rechtsordnung, in deren Mitte die Person stehe[184] und in der das Recht als etwas dem Staate Vorgegebenes zu begreifen sei[185]. Als Kennzeichen eines neuen Rechtsdenkens nennt er die Abkehr vom Subjektivismus und die stärkere Orientierung an der Objektivstruktur des Rechts. Menschenrechte und die Grundfreiheiten der Person seien weniger subjektive Rechte als Ausdruck der objektiven Rechtsordnung[186]. Sie seien in erster Linie Ausfluß der Seinsordnung: präpositiv-objektiv. Die Grundrechte bildeten den vornehmsten Teil der objektiven Rechtsordnung, nicht wegen ihrer Subjektivität, sondern weil der Mensch das Wesen sei, in dem sich das Sein manifestiere. Wer ein Grundrecht verletze, verletze die objektive Ordnung des Seienden im ganzen und erst in zweiter Linie die subjektive Sphäre des Menschen[187]. Je intensiver sich der Rechtsgedanke auf die objektive, vom Subjekt unabhängig wirkende Ordnung beziehe,

---

[180] Vgl. die ähnliche Umschreibung Wertenbruchs, Grundgesetz, S. 30.

[181] a. a. O., passim.

[182] a. a. O., S. 48.

[183] a. a. O., S. 49.

[184] a. a. O., S. 48.

[185] a. a. O., S. 89 und 105.

[186] a. a. O., S. 199.

[187] a. a. O., S. 325.

desto wirksamer sei der Schutz der subjektiven Rechte des Menschen[188].

Folgt man seinem Ausgangspunkt und sieht das Recht als eine Seinsgegebenheit[189] an, so sind seine weiteren Ausführungen nur konsequent. Aber auch sonst sind sie als Ziel einer sich wandelnden Rechts- und Staatsauffassung nach der hier vertretenen Grundeinstellung zu bejahen und erstrebenswert. Dieses Ziel liegt aber bei unvoreingenommener Betrachtung der augenblicklichen staatlichen Situation in ferner Zukunft. Deshalb kann Marcic' Ausführungen für die Gegenwart nicht ohne weiteres gefolgt werden. Sie setzen einen Staat voraus, der von sich aus gewillt ist, die objektive Rechtsordnung zu bewahren und sie zu schützen. Solange eine solche Rechts- und Staatsauffassung nur in ersten Ansätzen vorhanden ist (Eingangsworte der Präambel, Art. 1 und Art. 2 Abs. 1 GG), muß es dabei bleiben, daß der einzelne möglichst wirkkräftig einem Staat gegenübertreten kann, dem die Züge eines Leviathan noch immer anhaften. Er muß ihn zur Beachtung der objektiven Rechtsordnung anhalten können.

Hinsichtlich des Ursprungs der Grundrechte stehen sich in der Diskussion noch immer wie bisher zwei Hauptmeinungen gegenüber, ohne daß in irgendeiner Richtung besondere Fortschritte zu beobachten sind. Nach der Ansicht Carl Schmitts[190] entwickelten sich die verschiedenen Grundrechte aus der Religionsfreiheit, wo hingegen Richard Thoma[191] sie auf ein einziges umfassendes subjektiv-öffentliches Recht des einzelnen zurückführt, das er unter Berufung auf Georg Jellinek als das allgemeine Persönlichkeitsrecht auf Freiheit von ungesetzlichem Zwang bzw. als allgemeines Freiheitsrecht bezeichnet. Den äußeren Anstoß zur Schaffung von Grundrechtskatalogen sieht Thoma in einer liberalen Staatsauffassung und in dem Bestreben, „den antiabsolutistischen Lehren des Natur- oder Vernunftrechts von der Begrenztheit der Staatsgewalt und von den unveräußerlichen Freiheits- und Gleichheitsrechten des Individuums", gestützt durch den Gedanken der Gewaltentrennung, „einen gesetzgeberischen Ausdruck zu geben".

Bei diesem Stand der Diskussion ist es bis heute im wesentlichen geblieben, und es ist auch aus mehreren Gründen nicht zu erwarten, daß sie, auf ideologische Geleise geschoben und dann ins Stocken geraten, in absehbarer Zeit wieder in Gang kommen wird. Einmal ist eine Zeit wie die unsere, in der mit Recht von einer „Umwertung aller Werte" gesprochen wird, für Untersuchungen, die auf weltanschaulich-philosophischer Grundeinstellung aufbauen und deren Ergebnis von eben dieser Einstellung beeinflußt wird, denkbar ungeeignet. Zum anderen scheint die Beantwortung der Frage nach dem Ursprung der Grundrechte weder für deren Existenz, noch gar für deren Wirkung ausschlaggebend zu sein. Das ist jedenfalls zur Zeit die vorherrschende Auffassung, obgleich sich m. E. erst aus einem präpositiven Geltungsgrund der Grundrechte die Berech-

[188] a. a. O., S. 325/326.
[189] Derselbe, a. a. O., S. 135.
[190] Verfassungslehre, S. 158/159.
[191] Bedeutung, S. 1 ff. (15).

tigung ihrer Existenz und ihre Durchschlagskraft überzeugend ergeben könnte. Hinzukommt, daß der Blick bisher nur auf konkreten Rechtswirkungen der Grundrechte ruhte[192]; denn den einzelnen interessieren vor allem die Vorteile, die ihm die Grundrechte verschaffen. Das ist im Grunde auch wohl die Ursache dafür, daß über den Geltungsgrund der Grundrechte schlechthin wissenschaftliche Äußerungen kaum vorliegen. Man begnügt sich mit Hinweisen auf die Tradition oder das geltende Verfassungsrecht, das von der Voraussetzung der „Vorstaatlichkeit" der Grundrechte irgendwie ausgeht[193].

Diese unerfreuliche Situation wird infolge einer uneinheitlichen Terminologie noch verworrener. Man diskutiert auf dem Gebiet der Grundrechte verschiedene Einteilungsmöglichkeiten: Grundrechte mit und ohne Menschenrechtsqualität, liberale, soziale, staatsbezogene, drittbezogene, vorstaatliche und staatsgesetzlich begründete, Einzel- und Gruppengrundrechte. Es wird unterschieden zwischen Programmsätzen und aktuellem Recht, eigentlichen Grundrechten und institutionellen Garantien. Auch die Normqualität (unaufhebbare, aufhebbare, uneinschränkbare und einschränkbare Grundrechte) wird als Ausgangspunkt für die Einteilung benutzt.

Schuld an dieser Verworrenheit hat zum Teil der Verfassungsgeber selbst, der unbefangen einen Abschnitt des Grundgesetzes mit „Die Grundrechte" überschrieb, obwohl ohne größere Schwierigkeiten zu erkennen ist, daß längst nicht alle darin enthaltenen Normen Grundrechte zum Inhalt haben. Die ganzen Kategorisierungsversuche müssen indes Stückwerk bleiben, solange nicht der Ausgangspunkt, nämlich der Terminus „Grundrecht", festgelegt ist.

Während eine Meinung unter einem „Grundrecht" einmal die Norm, das objektive Recht, zum anderen die sich aus der Norm unmittelbar oder mittelbar ergebende Berechtigung eines Rechtssubjekts versteht, wollen andere Autoren Grundrechte als subjektiv-öffentliche Verfassungsrechte, als einzelne Ansprüche oder Anspruchsinbegriffe, als Sammelansprüche verstanden wissen, die aus Grundsatznormen subjektiver Art resultieren sollen. Die Ansprüche sollen auf ein bestimmtes Tun, Dulden oder Unterlassen des verpflichteten Hoheitsträgers gerichtet sein.

Obwohl gerade diese letzte Formulierung auf die in § 194 BGB enthaltene Legaldefinition des Anspruchsbegriffs hinweist, die — einer althergebrachten Nomenklatur folgend — sicherlich nicht nur für das Zivilrecht verbindlich ist, wird im öffentlichen Recht, insbesondere bei grundrechtlichen Gedankengängen, vielfach von Ansprüchen gesprochen, wo sich Ansprüche nicht ohne weiteres aus den Grundrechtsnormen des Grundgesetzes herauslesen lassen. Es ist eben schwierig, aus Grundsatz-Normen (Prinzipien) Ansprüche zu entwickeln, da ein normierter Grundsatz d. h. ein Ausnahmen kennender Regelsatz, dem objektiven Recht

---

[192] Wertenbruch, Grundrechtsbegriff, S. 481 ff. (484).
[193] Wertenbruch, Grundrechtsbegriff, S. 481 ff. (484).

angehört und sich kaum mit leichter Hand subjektivieren läßt. Ansprüche lassen sich aus Grundsatznormen höchstens ableiten, aber sich aus ihnen nicht ohne weiteres entnehmen. Damit hütet man sich zur Zeit wohl auch vorherrschend, den § 194 BGB ausdrücklich in Zusammenhang mit dem Grundrechtsbegriff zu bringen.

Klein[194] versucht die Doppelbedeutung des Grundrechtsbegriffs, die eine Quelle dauernder Mißverständnisse ist, durch Einführung des Terminus „Grundrechtsbestimmung" zu beseitigen. Er meint, für eine klare und unmißverständliche Dogmatik sei „Grundrecht" nur als subjektiv-öffentliches Verfassungsrecht zu verstehen. Dem ist beizupflichten[195]. Es diente tatsächlich der Klarheit und Vermeidung mancher Mißdeutungen, würde man sich allgemein zu diesem Schritt entschließen. Allerdings ist völlige Klarheit damit noch nicht geschaffen. Ein kleiner Rest möglicher Fehldeutungen bleibt. Der Ausdruck „Grundrechtsbestimmung" stellt auf Grund seines Bestandteils „Recht" Gedankenverbindungen her mit Begriffen wie Anspruch, Klagbarkeit, Durchsetzbarkeit, die der Grundrechtsbestimmung eben gerade nicht eignen sollen. Es wird daher vorgeschlagen, statt von Grundrechtsbestimmungen einfach von Verfassungs-Grundbestimmungen zu sprechen und darunter alle die Normen zu fassen, die bisher unter dem Titel „Grundrechte" gebracht wurden, denen aber die Qualifikation fehlt, als subjektiv-öffentliches Recht durchgesetzt werden zu können. Hierunter fallen die sogenannten institutionellen Garantien, die tragenden Verfassungsgrundsätze oder wie man sonst die Schwerpunktbestimmungen des 1. Titels des Grundgesetzes bezeichnen will, die in ihrer Bewertung und systematischen Einordnung noch keineswegs abschließend erörtert sind, bei denen aber feststeht, daß sie keine durchsetzbaren Ansprüche gewähren[196].

2. Anwendung des Grundrechtsbegriffs auf Art. 2 Abs. 1 GG

Setzt man Art. 2 Abs. 1 GG zu der oben angedeuteten Begriffsbestimmung in Bezug, so ist die Frage nach dem Grundrechtscharakter dieser Norm zu verneinen. Art. 2 Abs. 1 GG ist kein Rechtssatz, dem unmittelbar durchsetzbare Ansprüche gegen den Staat entnommen werden könnten.

Diese Auffassung steht im Widerspruch zu der herrschenden Meinung[197]. Von ihr wird Art. 2 Abs. 1 GG abwechselnd als „Recht auf den Rechtsstaat"[198], als „Hauptfreiheitsrecht"[199] oder als „Vater der per-

---

[194] v. Mangoldt-Klein, a. a. O., Vorbem. A V 3, S. 79.

[195] Vgl. dazu auch Wertenbruch, Grundrechtsbegriff, S. 481.

[196] Über die unterschiedliche Terminologie und den Stand der Diskussion vgl. v. Mangoldt-Klein, a. a. O., Vorbem. A VI 3 bis 4.

[197] Vgl. die Übersicht bei Maunz-Dürig, a. a. O. zu Art. 2, S. 5, Fußnote.

[198] Coing, BB 54, 137 ff. (141).

[199] Dürig, in Maunz-Dürig, a. a. O. zu Art. 1 Abs. 1 Rdn. 11.

sonenbezogenen Grundrechte"[200] bezeichnet. Der Bundesgerichtshof bringt diese Norm in Verbindung mit Art. 1 Abs. 1 GG und betrachtet sie als Normierung des allgemeinen Persönlichkeitsrechts, das sich bis in das Zivilrecht erstrecke[201]. Daß jedoch auch die herrschende Meinung allmählich von ihrer starren Haltung abgeht, zeigen die Ausführungen Wintrichs[202]. Dort heißt es, auch Art. 2 Abs. 1 GG könne nicht als eine lediglich gegen den Staat gerichtete Norm gedeutet werden. Da die Persönlichkeit sich allseits sowohl in der Gemeinschaft und Gesellschaft als auch im Verhältnis von Individuum zu Individuum immer nach Maßgabe der gleichen Berechtigung für alle entfalten solle, müsse auch Art. 2 Abs. 1 GG als eine Grundsatznorm (besser wohl: Grundlagen-Norm) gelten, die sich auf alle Rechtsgebiete erstrecke. Dafür spreche auch sein enger Zusammenhang mit Art. 1 Abs. 1 GG und sein vorstaatlicher Charakter. Diese Ausführungen Wintrichs entsprechen weitgehend der hier vertretenen Meinung, die bemüht ist, Art. 2 Abs. 1 GG als klarstellende Ordnungsnorm für die ganze Rechtsordnung zu qualifizieren und ihr den Charakter eines Leitsatzes beizulegen, der ranghöher ist als die Grundrechte. Sie stützt sich dabei auf die Überlegung, daß von einem subjektiven Recht des einzelnen dann nicht mehr die Rede sein kann, wenn überhaupt kein Ausschnitt aus der Summe aller denkbaren Berechtigungen der Person normiert ist, sondern die Rechte und Rechtsbeziehungen aller einzelnen in der Gemeinschaft total und grundlegend erfaßt sind[203].

Das entspricht, wenn auch in anderer — nämlich positiver — Akzentuierung, mindestens im Ergebnis der Meinung Kleins[204], der Art. 2 Abs. 1 GG wegen seiner Unbestimmtheit, Dehnbarkeit und Vagheit den Grundrechtscharakter abspricht[205].

---

200 Nipperdey, Marktwirtschaft.

201 BGH in NJW 57, 1146.

202 a. a. O., S. 1 ff. (9).

203 Wertenbruch, Grundrechtsbegriff, S. 481. Wenn Dürig (a. a. O. zu Art. 2 Abs. 1 GG, Anm. II, 1 b, cc) dem entgegenhält, Art. 2 Abs. 1 GG sei in keiner Beziehung unbestimmter als die Art. 2 Abs. 1 GG folgenden (ebenfalls ausfüllungsbedürftigen) Teilfreiheiten, deren Charakter als subjektiv-öffentliche Rechte außer Frage stehe, so ist darauf zu erwidern, daß diese Begründung nicht überzeugt. Es müßte dann schon der Nachweis erbracht werden, daß diese Vorschriften allesamt subjektiv-öffentliche Rechte enthalten. Möglicherweise oder sogar wahrscheinlich sind auch sie wegen ihrer Unbestimmtheit keine Grundrechte im Sinne von Anspruchs-Normen.

204 Vgl. v. Mangoldt-Klein, a. a. O., S. 168 ff.

205 Es darf jedoch nicht übersehen werden, daß zwischen der hier vertretenen Meinung und der Kleins erhebliche Unterschiede, besonders hinsichtlich des „Soweit"-Satzes, bestehen. Während Klein zwischen dem ersten und zweiten Halbsatz eine Zäsur macht und in letzterem einen grundlegenden Artikel sieht, dem er den Charakter einer Rechtsnorm beimißt, werden hier beide Halbsätze als unmittelbar miteinander verbunden angesehen. Sie sind kongruent und homogen.

In dem grundlegenden, umfassenden Charakter dieser Vorschrift, der seinen Ausdruck in dem entsprechenden Wortlaut („freie Entfaltung der Persönlichkeit") findet, ist eine Ursache dafür zu suchen, daß man sie in Verkennung ihrer wahren Bedeutung bisher so oft mißbräuchlich anzuwenden bestrebt war. Der Wortlaut als wahrnehmbarer Ausdruck ihres Sinngehalts ist äußerer Anlaß dafür, daß man aus Art. 2 Abs. 1 GG ein „Recht auf Zusammenleben im Konkubinat"[206], ein „Recht" auf gleichgeschlechtliche Unzucht[207] und schließlich ein „Recht" auf Laienwerbung mit Büstenmitteln[208] ableiten wollte. Wertenbruch[209] spricht mit Recht von der Gefahr einer kaum noch abzustoppenden Grundrechtsinflation[210].

Vor einer solchen Gefahr, die notwendigerweise zu einer Entwertung des Art. 2 Abs. 1 GG führen muß, hat Peters[211] bereits frühzeitig gewarnt. Er meint, die Abnutzung des Persönlichkeitsrechts für derart banale Zwecke entwerte das Recht gerade für die Fälle, für die es geschaffen sei und die seinen wahren Inhalt bildeten: jedem — dem Ausdruck echten Menschentums entsprechend — die Auswirkung seiner ihm vom Schöpfer verliehenen Persönlichkeit zu ermöglichen[212]. Damit werde wieder klar, daß das Recht auf freie Entfaltung der Persönlichkeit nicht einfach mit dem Recht auf Freiheit von staatlichen Bindungen zu identifizieren sei[213].

Dieser Gefahr des Mißbrauchs des Art. 2 Abs. 1 GG ist letztlich wirksam nicht durch eine entsprechende Sinn- und Zweckinterpretation, sondern nur durch Heraushebung des Art. 2 Abs. 1 GG aus dem Kreis der Anspruchsnormen zu steuern.

Neuerdings hält Dürig[214] dieser Auffassung entgegen, selbst wenn Art. 2 Abs. 1 GG — was keineswegs der Fall sei — unter dem bloßen Grundsatz der Gesetzmäßigkeit des Freiheitseingriffs „leerliefe", enthalte er immer noch einen (auch einklagbaren Anspruch) auf gesetzmäßiges Verhaltensollen der Adressaten dieses Anspruchs.

---

[206] OLG Karlsruhe in FamRZ 55, 118/119.

[207] BVerfGE 4, 110 ff.

[208] BGH in NJW 53, 1802—1805.

[209] Freiheit, S. 126/129.

[210] Über die damit verbundenen Gefahren vgl. Wertenbruch, Freiheit, S. 130.

[211] Laun-Festschrift, S. 669 ff.

[212] Laun-Festschrift, S. 673/674.

[213] Gegen diese Auffassung wendet sich neuerdings Forsthoff (Festschrift für Carl Schmitt, Berlin 1959, S. 35 ff. (53), Fußn. 33) mit dem Argument, auf solche Weise werde die Rechtsverwirklichung verunsichert. Dabei übersieht er m. E. entscheidend, daß Rechtsverwirklichung nicht unbedingt von „Rationalität und Berechenbarkeit" der Normen abhängig ist. Gerade objektive Normen fundamentalen Inhalts sind in hohem Maße geeignet, zur Verwirklichung des Rechts und damit zu einer Rechts-Ordnung beizutragen.

[214] a. a. O. zu Art. 2 Abs. 1 GG, S. 6, Fußnote 1.

Das vermag nicht zu überzeugen. Abgesehen davon, daß er versucht, die Unbestimmtheit einer Norm durch Einführung eines Anspruchs zu widerlegen, der in keiner Weise bestimmter ist, kann das Argument, Art. 2 Abs. 1 GG enthalte aus den oben angegebenen Gründen keine subjektiv-öffentlichen Rechte, nur dann durch seine Behauptung entkräftet werden, wenn ihr eine stichhaltige Begründung beigefügt wäre. Diese setzte einen exakten Grundrechtsbegriff voraus. Daran aber fehlt es, und auch Dürig entwickelt ihn nicht. So jedenfalls ist die hier vertretene Meinung nicht auszuräumen.

Schließlich erkennt aber auch Dürig[215] eine Doppelbedeutung des Art. 2 Abs. 1 GG an, einmal als subjektives „Auffangrecht" aller unbenannten Freiheitsrechte, zum anderen als objektivrechtliche Auslegungsregel zur Interpretation des Sinngehalts anderer Grundrechte. Er spricht in diesem Zusammenhang von Art. 2 Abs. 1 GG als dem „großen Regulativ des objektiven Verfassungsrechts".

Damit nähert er sich — bewußt oder unbewußt — der hier vertretenen Meinung, die auch nicht durch formale Gesichtspunkte zu entkräften ist. Zwar deutet die Titelüberschrift vor Art. 1 GG ebenso wie Abs. 3 des Art. 1 GG darauf hin, daß die nachfolgenden Vorschriften Grundrechte enthalten, doch kann ihr eine volle Überzeugungskraft nicht zugemessen werden. Es steht fest, daß sich in dem Katalog eine Reihe von Normen findet, die eindeutig keine Grundrechte enthalten. Man vergleiche etwa die Artikel 6 Abs. 4 und 5, 7 Abs. 1 und 6, 14 Abs. 2 und 3, 15, 17a, 18, 19 Abs. 1 bis 3. Im übrigen ist eine gewisse Unbefangenheit des Grundgesetzgebers bei der Auswahl der Überschriften der einzelnen Abschnitte des Grundgesetzes nicht zu übersehen. So finden sich beispielsweise in dem mit ‚Der Bund und die Länder' überschriebenen Abschnitt Normen, die mit dem föderativen Aufbau der Bundesrepublik nichts zu tun haben.

Die Feststellung, daß Art. 2 Abs. 1 GG kein Grundrecht enthält, muß dazu veranlassen, nun auch die terminologischen Konsequenzen zu ziehen und nicht länger von einem „Grundrecht" zu sprechen, da das Wort „Recht" normalerweise im Sinne eines durchsetzbaren Anspruchs ausgelegt wird. Stattdessen wird vorgeschlagen, Art. 2 Abs. 1 GG als Verfassungsgrundbestimmung zu bezeichnen. Damit würde eine Bezeichnung Verwendung finden, deren Benutzung bereits oben angeregt wurde.

3. Art. 2 Abs. 1 GG als „Anspruchsgrundlage"

Zur Vervollständigung bzw. Erhärtung der Auffassung, daß Art. 2 Abs. 1 GG kein Grundrecht enthält, soll noch auf die nicht zu überwindenden Schwierigkeiten hingewiesen werden, denen sich der rechtsanwendende Richter gegenübersähe, wollte er Art. 2 Abs. 1 GG als „Anspruchsgrundlage" zur Streitentscheidung eines konkreten Einzelfalles heranziehen. Es zeigt sich die mangelnde „Eignung" dieser Norm als Anspruchsgrundlage.

---

[215] in Maunz-Dürig, a. a. O. zu Art. 2 Abs. 1 GG, Randnummer 71.

Um Art. 2 Abs. 1 GG als „Anspruchsnorm" qualifizieren zu können, müßte diese Vorschrift nämlich einen bestimmten Tatbestand (mit Prämissen und „perfekten" Rechtsfolgen) enthalten, der einen Verpflichteten (hier ein Verwaltungsorgan des Staates) und einen Berechtigten personal zu bestimmen gestattete, und außerdem erkennen lassen, daß der Berechtigte sich auf die ihm günstige, hinreichend konkretisierte oder doch wenigstens konkretisierbare Rechtsfolge soll berufen können[216]. Daran aber fehlt es.

Eine Erläuterung dieser Feststellung setzt eine allgemeine Beschreibung der richterlichen Rechtsanwendung voraus. Sie wird schlechthin verstanden als Subsumtion eines konkreten Sachverhalts unter einen generellen Tatbestand: Obersatz dieses Syllogismus ist die Rechtsnorm, Untersatz der Sachverhalt, das Urteil die conclusio[217]. Ergänzend weist Engisch[218] darauf hin, daß dieser Obersatz nur selten im gesetzlichen Tatbestand zu finden sein werde. Man müsse ihn, der für die Ableitung eines konkreten Sollensurteils herangezogen werden solle, meistens erst mittels eines logischen Schlusses gewinnen. Bei diesem Schluß sei das im Gesetz unmittelbar enthaltene generelle Sollensurteil der Obersatz, die Subordination speziellerer Fallgruppen unter die Tatbestandsmerkmale des Obersatzes die zweite Prämisse und das zur Anwendung auf den konkreten Fall geeignete speziellere Sollensurteil die conclusio. M. a. W. der Richter wird sich oft erst aus einem oder mehreren Rechtssätzen einen Obersatz bilden müssen, der einen bestimmten Tatbestand mit einer bestimmten Rechtsfolge verbindet, etwa folgendermaßen:

Wenn dieser oder jener Tatbestand erfüllt ist, dann soll diese oder jene Rechtsfolge eintreten. Wenn der Rechtssatz in diese Form gebracht ist, kann er als zur richterlichen Rechtsanwendung geeignet angesehen werden.

Daraus folgt, daß ein Urteil im Sinne einer conclusio nur dann logisch richtig sein kann, wenn es in der Rechtsnorm (Obersatz) bereits potentiell enthalten ist. Aufgabe des Richters ist es, dieses Urteil durch einen „rationalen Erkenntnisvorgang" aus ihr „herauszuholen". Das kann er aber nur auf diese Weise (ableitend), wenn das Urteil im Gesetz bereits (für jedermann) meßbar und nachprüfbar enthalten ist[219]. Besteht der erste Teil der richterlichen Rechtsanwendung darin, einen geeigneten Obersatz zu finden, so hat er im zweiten Teil den Untersatz (Sachverhalt) unter den Obersatz (Rechtsnorm) zu subsumieren. Bei der Ausfüllung des Obersatzes liegt der Schwerpunkt der Rechtsanwendung.

Der Richter muß sich zunächst eine Vorstellung von dem zu beurteilenden konkreten Ereignis machen und feststellen, ob sich der vorgetragene Sachverhalt auch wirklich ereignet hat. In der nun folgenden Subsumtion setzt er diesen mit den aus dem Tatbestand ermittelten Falltypen

---

[216] H. J. Wolff, Verwaltungsrecht, § 43 I, 3, S. 197.

[217] Nawiasky, Rechtslehre, S. 122.

[218] Engisch, Studien, S. 17.

[219] Schmitt, Hüter, S. 38 ff.

gleich, die in dem Obersatz enthalten sind[220]. Aus dieser Gegenüberstellung und Gleichsetzung wird letztlich die dem zur Beurteilung stehenden Fall zukommende Rechtsfolge gewonnen.

Versucht man, dieses Schema in Bezug zu Art. 2 Abs. 1 GG zu setzen, so ist von der Frage auszugehen, ob Art. 2 Abs. 1 GG eine Rechtsnorm darstellt, die als Obersatz im Sinne der bisherigen Ausführungen unmittelbare Verwendung für einen konkreten Sachverhalt finden kann. Das wäre dann anzunehmen, wenn sie Tatbestand und Rechtsfolge so bestimmt umschriebe, daß daraus eine Entscheidungsnorm für gegenseitiges Verhalten entnommen werden könnte[221]. Bereits an dieser hinreichenden Bestimmtheit fehlt es. Zunächst fällt schon auf, daß Art. 2 Abs. 1 GG nach seinem Wortlaut überhaupt keine Rechtsfolge normiert. Diese Feststellung wird bestätigt durch einen Versuch, das obige Methodenschema der Rechtsanwendung vorliegend durch einen konkreten Fall auszufüllen.

Es sei unterstellt, die für den Bürger A zuständige Wohnungsbehörde habe durch eine Ermessensentscheidung statt des A den Wohnungssuchenden B in eine frei gewordene Wohnung eingewiesen. A fühlt sich durch diese Ermessensentscheidung in der freien Entfaltung seiner Persönlichkeit beeinträchtigt. Es sei weiter angenommen, daß das tatsächlich der Fall ist, der A sich in seiner bisherigen Wohnung nicht recht „frei entfalten" konnte, er also durch die Behördenentscheidung gehindert wird, den Zustand zu beenden und sich in der neuen Wohnung „frei zu entfalten". Geht der A, gestützt auf Art. 2 Abs. 1 GG, gegen die Einweisungsverfügung gerichtlich vor und kommt der Richter in die Lage, ihre Rechtmäßigkeit an Art. 2 Abs. 1 GG zu prüfen, dann ergibt sich folgendes schematisches Bild:

1. Jedermann hat das Recht auf die freie Entfaltung seiner Persönlichkeit (Obersatz).
2. A ist durch einen Träger öffentlicher Gewalt in diesem seinem Recht verletzt worden (Untersatz).
3. . . . . (conclusio).

Ein Urteil (conclusio) im Sinne einer Entscheidung, die der Richter durch einen „rationalen Erkenntnisvorgang" aus Art. 2 Abs. 1 GG „herausholen" könnte, scheint nicht möglich, da Art. 2 Abs. 1 GG offenbar keine Rechtsfolge fixiert.

An diesem Ergebnis scheint sich auch nichts zu ändern, wenn in Art. 2 Abs. 1 GG die Normierung des aus dem status negativus erwachsenden „Abwehranspruchs" gesehen wird und ihn dementsprechend als Unterlassungsanspruch rechtswidriger Staatseingriffe versteht. Das Rechtsanwendungsschema ist dann folgendermaßen auszufüllen:

1. Staatliche Eingriffe, die die freie Entfaltung der Persönlichkeit behindern, dürfen nicht erfolgen (Obersatz).

---

[220] Vgl. Engisch, Studien, S. 30, nach dem die Gleichartigkeit niemals total sein kann, sondern „in einzelnen (wesentlichen) Beziehungen" besteht.

[221] Vgl. Heller, a. a. O., S. 47—58.

2. In die Persönlichkeitssphäre des A ist trotz dieses Verbots eingegriffen worden (Untersatz).
3. . . . . (conclusio).

Letztlich vermag aber die fehlende Konkretisierung der Rechtsfolgenseite die Eignung des Art. 2 Abs. 1 GG als Anspruchsnorm nicht in Frage zu stellen.

Es sind gerade im öffentlichen Recht eine Unzahl von Normen bekannt, die ebenfalls keine Rechtsfolge normieren, trotzdem aber als actio des einzelnen gegen den Hoheitsträger Staat durchaus geeignet sind. Man denke etwa an § 14 OBG. Hier ergibt sich die Rechtsfolge aus § 23 Abs. 1 i. V. mit § 75 MRVO 165; d. h. rechtswidrige Maßnahmen werden vom Gericht aufgehoben.

Ähnlich verhält es sich mit Art. 2 Abs. 1 GG. Nur ergeben sich die Rechtsfolgen hier — wenigstens soweit es sich um Akte der Verwaltung handelt — aus der Lehre vom fehlerhaften Verwaltungsakt und dem Prozeßrecht. Diese Regeln besagen, daß fehlerhafte, d. h. rechtswidrige Verwaltungsakte aufzuheben sind. Verwaltungsakte, die gegen Art. 2 Abs. 1 GG verstoßen, laufen dem Recht zuwider. Sie sind also rechtswidrig und daher aufzuheben.

Dagegen scheitert die Eignung des Art. 2 Abs. 1 GG als Anspruchsnorm an dem fehlenden Obersatz.

Wenn in Art. 2 Abs. 1 GG davon die Rede ist, jeder habe das Recht auf die freie Entfaltung seiner Persönlichkeit, so läßt sich bereits auf den ersten Blick unschwer feststellen, daß diese Formulierung den Anforderungen, die an eine Norm mit Anspruchsqualität zu stellen sind, in keiner Weise genügt.

Ein Anspruch ergibt sich immer aus dem Ausschnitt einer Rechtsposition, die als Inbegriff von Berechtigungen anzusehen ist. Bei Art. 2 Abs. 1 GG kommt der rechtsanwendende Richter insoweit in arge Verlegenheit, denn es ist in keiner Weise zu ersehen, welcher objektive Ausschnitt aus den Berechtigungen gewährt sein soll. Handelt es sich um die Gewährung der Handlungsfreiheit oder soll gar die Gedankenfreiheit geschützt werden?

Die Frage läßt sich nur dahingehend beantworten, daß Art. 2 Abs. 1 GG in Ermangelung eines feststellbaren Ausschnitts die gesamte Freiheit der Person unter seinen Schutz stellt. Art. 2 Abs. 1 GG regelt kein Einzelrecht, sondern deutet auf den freiheitlichen Rechtsstatus jedes Handlungsfähigen hin.

Es fehlt also an einem hinreichend konkretisierten Obersatz.

Bereits oben wurde auf die Ausführungen von Engisch hingewiesen, wonach der Obersatz oft erst durch logischen Schluß gewonnen werden müsse, und zwar entweder aus dem gesetzlichen Tatbestand selbst oder aus mehreren Rechtssätzen. Frage ist zunächst, ob aus Art. 2 Abs. 1 GG die Bildung einer „individuellen Norm“[222] möglich ist, die sich aus zwei

[222] Nawiasky, Rechtslehre, S. 123.

Teilen zusammensetzt, aus der Tatbestands- und aus der Rechtsfolgenhälfte. Dabei müßte bei Art. 2 Abs. 1 GG das Schwergewicht darauf gelegt werden, die Tatbestandsseite hinreichend zu konkretisieren, da die Rechtsfolge (Aufhebung der rechtswidrigen Verwaltungsmaßnahme) zumindest zu klären ist.

Zur ersten Konkretisierungsmöglichkeit (aus dem gesetzlichen Tatbestand) ist zu bemerken, daß mit ihr erreicht werden soll, zum Zwecke der Anwendung auf eine speziellere Fallgruppe, die von dem generellen Obersatz nicht mehr erfaßt wird, aus einem generellen Sollensurteil ein spezielleres Sollensurteil zu gewinnen. Eine solche Konkretisierungsmethode ist hier schon deswegen unangebracht, weil es nicht darum geht, eine bisher nicht erfaßte Gruppe von Fällen unter den Obersatz zu bringen. Art. 2 Abs. 1 GG erfaßt ja gerade den ganzen Bezirk menschlicher Freiheit total und grundlegend. Insofern verspricht dieses Verfahren keinerlei Aussicht auf ein brauchbares Ergebnis.

Nicht anders steht es im Ergebnis mit dem zweiten Verfahren. Es lassen sich keine Rechtssätze auffinden, die Art. 2 Abs. 1 GG allgemein und besonders nach der Tatbestandsseite hin konkretisierten.

Somit steht fest, daß Art. 2 Abs. 1 GG für den streitentscheidenden Richter, der sich vor die Frage gestellt sieht: Quae sit actio; actio an sit fundata? als Anspruchsnorm unbrauchbar ist. Manche Gerichte mögen sich darüber hinwegsetzen. Dann verkennen sie jedoch im bloßen Willen, unbedingt einen Anspruch zu entwickeln, die Anforderungen, die an eine taugliche Anspruchsnorm gestellt werden müssen.

Daß Art. 2 Abs. 1 GG als objektiver Norm eine kaum zu überschätzende Praktikabilität innewohnt, wird dadurch nicht in Frage gestellt. Der rechtsanwendende Richter wird sich stets zu vergewissern haben, ob die von ihm im Einzelfall herangezogene Norm mit der objektiven Rechtsordnung — also auch mit Art. 2 Abs. 1 GG — in Einklang steht, bzw. ob eine staatliche Einzelmaßnahme dieser Ordnung zuwiderläuft.

Das gewonnene Ergebnis wird nicht in Frage gestellt durch einen Hinweis auf andere Normen, die — was den Charakter als Generalklausel angeht — eine gewisse Ähnlichkeit mit Art. 2 Abs. 1 GG zeigen, etwa § 242 BGB. An der Praktikabilität des § 242 BGB wird nicht gezweifelt, doch läßt sich gerade an diesem Beispiel die Richtigkeit der hier vertretenen Meinung besonders klar aufzeigen. Der rechtsanwendende Richter verwendet § 242 BGB, wenn er ihn direkt heranzieht, nur als objektivrechtliches Regulativ für bürgerlich-rechtliche Beziehungen, im übrigen jedoch leitet er aus ihm neue Rechtsinstitute ab, z. B. das der Verwirkung oder das der Geschäftsgrundlage. Mit anderen Worten: Er macht die Vorschrift des § 242 BGB durch eine solche Ableitung erst praktikabel. Wo Gerichte aus § 242 BGB Ansprüche hervorzuzaubern versuchten, mußte dieses Beginnen das rechtsdogmatische Gefühl des Kritikers verletzen. Genauso verhält es sich mit Art. 2 Abs. 1 GG.

Rechtswissenschaft und Praxis werden nach der hier vertretenen Auffassung durchaus instandgesetzt, aus Art. 2 Abs. 1 GG neue Grundrechte abzuleiten, besser: neu zu entwickeln. Ansätze zu einem solchen Verfahren finden sich bereits in einer Entscheidung des Bundesverfassungsgerichts[223], in der die Freiheit auf Ausreise nicht aus Art. 11 GG, sondern aus der allgemeinen Handlungsfreiheit des Art. 2 Abs. 1 GG hergeleitet wird.

Diese Auffassung kommt auch einem bestehenden Bedürfnis entgegen. Es bedarf kaum einer Erwähnung, daß der heute bestehende „Grundrechts-Katalog" auf Grund der Tatsache, daß er historisch erarbeitet ist, allenfalls eine lückenhafte Zusammenstellung von Normen enthält, die in ihrer Praktikabilität zeitgebunden sind. Sicherlich werden im Laufe der weiteren Entwicklung mit ständig wechselnden politischen und wirtschaftlichen Situationen neue Grundrechte herauskristallisiert werden. Dafür bietet Art. 2 Abs. 1 GG eine geeignete, wenn auch nur objektive Grundlage.

Es läßt sich heute schon absehen, daß einige „Grundrechte" bereits viel von ihrer Bedeutung verloren haben. Man denke etwa an die Versammlungsfreiheit des Art. 8 GG, die einst normiert wurde, um die Verbreitungsmöglichkeit verschiedener Meinungen zu gewährleisten. Gegenwärtig findet diese Verbreitung weitgehend durch Rundfunk, Fernsehen und Presse statt. Die Abhaltung von Versammlungen spielt nur eine ganz untergeordnete Rolle. Art. 8 GG läuft insoweit bereits weitgehend leer. Andere Freiheiten sind dafür mehr in den Vordergrund gerückt.

III. Ergebnis

Aus alledem folgt, daß Art. 2 Abs. 1 GG wegen seiner fehlenden Anspruchsqualität als materiell-rechtliche Grundlage eines öffentlich-rechtlichen Unterlassungsanspruchs ausscheidet.

Weitere Verfassungsnormen, die dafür in Frage kommen könnten, sind nicht ersichtlich, so daß als letzte Möglichkeit bleibt, allgemeine (und wiederum rein objektiv-rechtliche) Grundsätze des Rechsstaates heranzuziehen. Ein solches Verfahren kann aber nur dann zulässig sein, wenn wirklich ein echtes Bedürfnis für die Einführung eines allgemeinen öffentlich-rechtlichen Unterlassungsanspruchs besteht. Daran aber fehlt es. Die Sphäre des einzelnen ist bereits durch den in Art. 20 Abs. 3 GG verankerten Grundsatz von der „Gesetzmäßigkeit der Verwaltung" objektivrechtlich hinreichend geschützt, ohne daß es noch irgendwelcher „Ansprüche" aus Art. 2 Abs. 1 GG bedürfte. Jener Grundsatz als „einer gesetzgeberischen Honorierung bedürftiges rechtspolitisches Postulat"[224] besagt, daß Eingriffe in die Rechtssphäre eine ausdrückliche gesetzliche Grundlage erfordern. Für einen allgemeinen öffentlich-rechtlichen Unterlassungsanspruch bleibt kein Raum. Wenn die Verwaltung in die Sphäre des einzelnen ohne genügende gesetzliche Ermächtigung eingegriffen hat, kommt nur noch eine Klage auf Aufhebung des gesetzwidrigen Eingriffs in Betracht.

---

[223] NJW 57, 297.

[224] Merkl, a. a. O., S. 163.

Es gibt für einen allgemeinen öffentlich-rechtlichen Unterlassungsanspruch im Verfassungsrecht keine materiell-rechtliche Grundlage. Es besteht auch kein Bedürfnis für seine Einführung, weil der Bürger durch die Klarstellung objektiver Rechtswidrigkeit und die Anfechtungsklage ausreichend geschützt ist.

Damit steht gleichzeitig fest, daß es in Ermangelung eines allgemeinen öffentlich-rechtlichen Unterlassungsanspruchs auch kein subjektiv-öffentliches Recht auf fehlerfreien Ermessensgebrauch als speziellen Fall dieses Anspruchs gibt.

§ 6
Das subjektiv-öffentliche Recht auf fehlerfreien Ermessensgebrauch als selbständiger Anspruch

I. Die unterschiedliche Eignung von Normen für den Zweck der Untersuchung

Unternimmt man es, eine materiell-rechtliche Grundlage des subjektiv-öffentlichen Rechts auf fehlerfreien Ermessensgebrauch als eines selbständigen Anspruchs zu bestimmen, so bieten sich dazu in erster Linie Normen an, die Fragen verwaltungsrechtlichen Ermessens regeln; denn der Untersuchungsgegenstand ist mit Ermessensproblemen verknüpft und weitgehend befaßt. Dabei ist jedoch vorab festzustellen, daß von diesen Normen längst nicht alle dafür geeignet sind. Es erscheint unergiebig, Ermessensnormen heranzuziehen, die aus der frühen Zeit der Verwaltungsrechtswissenschaft überkommen sind. Sie sind nach heutiger Auffassung nicht präzise genug gefaßt und geben zu Zweifeln Anlaß. Außerdem lag die mit dem Institut des Ermessens verbundene Problematik damals noch weitgehend im Dunkel, so daß Ermessensfragen im Gesetz nur einen unvollkommenen Niederschlag fanden.

Beispielsweise sagt Art. 13 Abs. 1 Satz 3 des Bayrischen Gesetzes vom 8. 8. 1878:

> „Die Zuständigkeit des Verwaltungsgerichtshofes erstreckt sich nicht ... auf Angelegenheiten und Fragen, in welchen die Verwaltungsbehörden nach ihrem Ermessen zu verfügen berechtigt sind."

Ähnlich heißt es in § 128 Abs. 2 der Thüringischen Landesverwaltungsordnung von 1926, daß die Anfechtungsklage ausgeschlossen sei, „soweit die Verfügung nach freiem Ermessen zu treffen war", und schließlich bestimmt Art. 13 des Württembergischen Gesetzes vom 16. 12. 1876 ebenfalls, daß die Anrufung des Verwaltungsgerichtshofes ausgeschlossen sei, „wenn und soweit die Verwaltungsbehörden durch das Gesetz nach ihrem Ermessen zu verfügen ermächtigt sind".

Diese Formulierungen, die keine Modifikationen oder Ausnahmen vorsehen, lassen mehrere Auslegungen zu. Einmal kann man auf Grund fehlender Differenzierungen zwischen den der Nachprüfung unterliegenden Ermessensfehlern und unüberprüfbaren Ermessenserwägungen annehmen, daß in Ermessensfragen keine richterliche Kontrolle stattfinden sollte. Die Annahme wird noch bestätigt durch die Tatsache, daß eine derartige Unterscheidung schon frühzeitig geläufig war[225]. Der Gesetzgeber hätte also auch bei den eben genannten Vorschriften eine differenzierende Formulierung wählen können, wenn ihm an einer solchen gelegen hätte. Andererseits läßt sich mit der gleichen Berechtigung die entgegengesetzte Ansicht vertreten, daß der Gesetzgeber nämlich sehr wohl eine Ermessenskontrolle einführen wollte. Zum Beweis dessen kann man auf den Wortlaut des § 128 Abs. 2 der Thüringischen LandesVerwO verweisen, wo es heißt, die Verwaltungsklage sei ausgeschlossen . . . soweit die Verwaltungsbehörden . . . nach ihrem Ermessen zu verfügen berechtigt seien.

Geht man davon aus, der Gesetzgeber habe bewußt die Überprüfung von Ermessensfehlern ausschließen wollen, dann ist auch nicht anzunehmen, daß er irgendetwas über das diffizile Institut des subjektiv-öffentlichen Rechts auf fehlerfreien Ermessensgebrauch aussagen wollte. Gibt man der entgegengesetzten Meinung den Vorzug, so ergibt sich hinsichtlich der mangelnden Eignung von Normen, die ähnlich den oben genannten weit gefaßt sind, keine andere Beurteilung; denn der spärliche Wortlaut gibt für Auslegungsversuche in Richtung des vorliegenden Untersuchungszwecks keinen Raum.

Aus den gleichen Gründen sind die Normen von einer Untersuchung auszunehmen, die im Einzelfall die Überprüfung von Zweckmäßigkeits- und anderen Erwägungen durch die Verwaltungsgerichte zulassen und ihnen damit einen Bereich eröffnen, der ihnen sonst verschlossen wäre[226]. Hier ist der Ausnahmecharakter dieser Vorschriften besonders zu berücksichtigen, der ohnehin eine restriktive Interpretation erforderlich macht. Von neueren Vorschriften dieser Art sei auf § 79 Abs. 4 VGG und auf die §§ 20 und 21 GewO hingewiesen. Letztere bezeichnet Forsthoff[227] als eine Verlegenheitslösung, da sie das Gericht zur Verwaltungsbehörde mache und damit den Grundsatz der Trennung von Gericht und Verwaltung durchbreche[228].

---

[225] Vgl. § 46 des Hamburgischen Gesetzes über die Verwaltungsgerichtsbarkeit von 1921; danach konnte die Klage nicht darauf gestützt werden, daß nach richtigem Ermessen anders zu verfahren gewesen wäre. Nach dem eindeutigen Wortlaut wird nur die Überprüfung von Ermessenserwägungen ausgeschlossen, während sich für die Überprüfung von Ermessensfehlern nichts ergibt, sie also mangels entgegenstehenden Wortlauts durchaus möglich bleibt.

[226] Vgl. z. B. § 76 Abs. 3 d. SächsVerwRPflG, der den Verwaltungsgerichten die Prüfung der Frage zugestehen soll, ob der Einspruch gegen die Eintragung eines politischen Vereins in das Vereinsregister zweckmäßig gewesen sei. (Urt. d. Sächs. OVG v. 30. 5. 1907 Jahrb. 11 S. 53); (vgl. auch §§ 56, 66 PrZustG).

[227] Lehrbuch, S. 473, Fußnote 2.

[228] Zu der Weitergeltung dieser Vorschriften vgl. Landmann-Rohmer, Kommentar der Gewerbeordnung, zu §§ 20, 21 GewO.

Geeigneter erscheinen die die Ermessensprüfung regelnden Normen aus der jüngsten Vergangenheit oder aus der Gegenwart. Von ihnen ist anzunehmen, daß sie die bis jetzt geklärten, aber auch die noch offenstehenden Probleme berücksichtigen und irgendwelche Anhaltspunkte für den Gegenstand der vorliegenden Untersuchung geben können. Doch auch hier wird schon auf Grund der Literatur zum Problem eine Auswahl zu treffen sein. Vornehmlich werden Vorschriften aus den Rechtsgebieten herangezogen, in denen das Ermessen und die Ermessensentscheidung im Vordergrund stehen. Sie dürften am ehesten Aufschluß über das subjektiv-öffentliche Recht auf fehlerfreien Ermessensgebrauch geben.

II. Die für den Untersuchungszweck geeignet erscheinenden Gesetzesvorschriften aus dem deutschen Recht

1. Von der Bundesverwaltungsgerichtsordnung verdrängte Normen des Verwaltungsstreitverfahrens

a) § 23 MRVO 165 und §§ 35, 36 VGG

Geeignet für die vorliegende Untersuchung scheinen insbesondere die auch nach dem 1.4.1960 noch praktizierten §§ 23 MRVO 165 und 35, 36 VGG, und sie werden in der Tat zum Beweis der Existenz des subjektiv-öffentlichen Rechts auf fehlerfreien Ermessensgebrauch herangezogen[229]. So meint Dersch[229], in den §§ 23 Abs. 3 MRVO 165 und 36 VGG sei ausgesprochen, daß der einzelne ein Recht auf fehlerfreien Ermessensgebrauch der Verwaltung habe. Auch Krüger[230] betont bei der Untersuchung der Frage, ob man ein Recht auf Eintritt in ein besonderes Gewaltverhältnis habe, wenn es nicht ohnehin schon ein Recht auf fehlerfreie Ermessensbildung und auf ein fehlerfreies Ermessensergebnis gebe, dann seien diese Rechte durch die oben genannten Vorschriften eingeführt worden. Hildegard Krüger[231] schließlich führt aus, das Gericht sei zur Nachprüfung des Ermessens nur in den Grenzen der §§ 23 Abs. 3 und 24 Abs. 2 MRVO 165 befugt, während es im übrigen den Verwaltungsakt uneingeschränkt nachprüfe. Bei der Geltendmachung der Ermessensnachprüfung handele es sich um ein formales Recht des Staatsbürgers auf ermessensfehlerfreie Entscheidung innerhalb der Sphäre des gesetzten Rechts. Im gleichen Umfang, wie im materiellen Recht die Rechtsposition des Staatsbürgers eingeschränkt worden sei, der Gesetzgeber sich also einer zwingenden Regelung enthalten habe, gewährten die Schöpfer der MRVO dem Staatsbürger das formale Recht auf fehlerfreie Ermessensausübung.

In vielen Gerichtsentscheidungen wird das Bestehen eines solchen

---

[229] a. a. O., S. 301 ff. (303).
[230] Gewaltverhältnis, S. 1369 ff. (1372).
[231] Gruppenrechte, S. 178.

Rechts einfach unterstellt, indem lediglich auf die §§ 36 VGG oder 23 Abs. 3 MRVO 165 abgestellt und nicht näher untersucht wird, in welchem Recht der Kläger betroffen und verletzt ist[232], während andere Gerichte[233] eine Stütze für den Anspruch in § 24 Abs. 2 MRVO 165 sehen, durch den für den Fall der Klage auf Vornahme eines Verwaltungsaktes die Vorschrift des § 23 Abs. 3 MRVO 165 entsprechend herangezogen wird.

Zwei Möglichkeiten bieten sich an, die genannten Vorschriften für die vorliegende Untersuchung verwendbar zu machen.

Man kann einmal versuchen, unmittelbar aus §§ 23 Abs. 3 MRVO 165 bzw. 36 VGG ein selbständiges subjektiv-öffentliches Recht auf fehlerfreien Ermessensgebrauch herauszulesen, man kann zum anderen unternehmen, aus einer Gesamtsicht dieser Vorschriften in ihrer Stellung zu den Generalklauseln Anhaltspunkte für den Untersuchungsgegenstand zu gewinnen. Eine solche Interpretation müßte, ausgehend vom Wortlaut, ihren Sinn und Zweck zu ergründen suchen; auch im Verwaltungsrecht hat die Gesetzesauslegung den Weg über die Wortinterpretation zur Sinnerfassung zu nehmen[234].

Es soll zunächst der ersten Möglichkeit nachgegangen werden. Dabei ergibt sich die Notwendigkeit zu prüfen, ob die §§ 23 Abs. 3 MRVO 165 und 36 VGG überhaupt ein selbständiges einklagbares Recht gewähren. Sollte dies nicht der Fall sein, dann räumen sie auch keines auf fehlerfreien Ermessensgebrauch ein.

Nebinger[235] sieht die Hauptbedeutung der Ermessensklausel darin, daß der Gesetzgeber sich der preußischen Auffassung angeschlossen habe, wonach bei Ermessensentscheidungen der Anfechtungskläger schon dann als „in seinen Rechten verletzt" gelte, wenn das objektive Recht verletzt sei. Folglich sei in allen Fällen des § 36 VGG der Nachweis der Verletzung eines subjektiven Rechts nicht Voraussetzung für den Erfolg der Anfechtungsklage[236]. Mit dieser Meinung ist Nebinger allein geblieben. Es kann heute immerhin als unstreitig angesehen werden, daß §§ 23 Abs. 3 MRVO 165 und 36 VGG kein selbständiges Klagerecht einräumen, sondern nur im Zusammenhang mit der Generalklausel des § 23 Abs. 1 MRVO 165 bzw. der des § 35 VGG zu sehen sind. Für dieses Ergebnis sprechen neben äußeren Gesichtspunkten (vgl. etwa die räumliche Nähe der beiden Vorschriften" ferner das Wort „auch" in § 23 Abs. 3 MRVO 165, das eindeutig die Beziehung zwischen den Absätzen 3 und 1 des § 23 MRVO 165 knüpft) folgende innere Gründe: Es ist nicht einzusehen, warum die Voraussetzungen bei der Anfechtung eines sonstigen Verwaltungsaktes und bei der Anfechtung eines Verwaltungsaktes, der eine Ermessensentscheidung enthält, unterschiedlich sein sollen. In beiden

232 Haueisen, a. a. O., S. 521 ff. (523).

233 OVG Lüneburg E 4, 203, 204; OVG Münster, DÖV 54, 27; OVG Hamburg, DVBl 51, 479 und 52, 244, 246.

234 Forsthoff, Lehrbuch, S. 145.

235 Kommentar, Anm. 5 b zu Art. 90.

236 a. a. O., S. 226.

Fällen besteht gleichermaßen das Bedürfnis, nur demjenigen die Klagebefugnis einzuräumen, der „in seinen Rechten" verletzt worden ist. Folgte man der Auffassung Nebingers, würde man die „Gefahr der Popularklage" heraufbeschwören, vor der er in anderem Zusammenhang glaubt warnen zu müssen. Es könnte dann nämlich jeder klagen, weil es auf den Nachweis einer „Beschwer" nicht ankäme. Die Behauptung aufzustellen, ein Ermessensakt sei objektiv rechtswidrig, dürfte nicht schwer fallen.

Entgegen der Auffassung Nebingers ist die Erhebung der Anfechtungsklage von der Erfüllung zweier Voraussetzungen abhängig:

1. Es muß eine durch hoheitliches Handeln bewirkte objektive Rechtsverletzung vorliegen,
2. diese objektive Rechtsverletzung muß den Anfechtenden in einem seiner im materiellen Recht wurzelnden subjektiven Rechte[237] beeinträchtigen.

Eine objektive Rechtsverletzung liegt auch dann vor, wenn die Behörde ermessensfehlerhaft entschieden hat. Nur wenn die beiden Voraussetzungen erfüllt sind, kann der jeweils Betroffene eine Anfechtungsklage mit Erfolg erheben. Dann ist er in seinen „Rechten" verletzt, wie es der Wortlaut der §§ 23 Abs. 1 und 3 MRVO 165 und 35/36 VGG ausdrücklich vorschreibt.

Die Gefahr, die in der Theorie Nebingers liegt, hat schon das OVG Münster in zwei Entscheidungen vom 20. 3. 1950[238] und vom 13. 4. 1950[239] erkannt, indem es bei der Anfechtungsklage gegen ermessensfehlerhafte Verwaltungsakte als erste Voraussetzung verlangt, daß der Anfechtungskläger durch den Verwaltungsakt „in seinen Rechten" verletzt ist; die Ermessensklausel stelle nur klar, unter welchen Voraussetzungen eine Ermessensentscheidung als „rechtswidrig" anzusehen sei. Im zweiten Urteil heißt es, daß in den Fällen, in denen nicht einmal durch einen — im Sinne der Generalklausel des § 23 Abs. 1 MRVO 165 — rechtswidrigen Verwaltungsakt ein Klagerecht bestehe, auch bei einem unter Ermessensüberschreitung oder Ermessensmißbrauch zustande gekommenen Verwaltungsakt kein Klagerecht entstehen könne.

---

[237] Was unter diesem Begriff zu verstehen ist, ist weitgehend streitig. Teilweise wird die Meinung vertreten, daß nur subjektiv-öffentliche Rechte darunter fallen, teilweise läßt man die Beeinträchtigung der „Rechtssphäre" oder des „rechtlich geschützten Interesses" als Voraussetzung für die Erhebung der Anfechtungsklage genügen. Letzteres erscheint richtig. Dafür spricht eine vergleichende Gegenüberstellung der Vorschriften des § 24 Abs. 1 MRVO 165 mit der des § 23 Abs. 1 MRVO 165. In § 24 Abs. 1 MRVO 165 ist ausdrücklich von der Behauptung eines Rechtsanspruchs als Voraussetzung der Untätigkeitsklage die Rede, während § 23 Abs. 1 MRVO 165 nur allgemein von „Rechten" spricht. Es muß also ein Unterschied bestehen. Im folgenden wird daher der Begriff „Recht" in § 23 Abs. 1 MRVO 165 im weiteren Sinne als „Rechtssphäre" verstanden. Anderenfalls würde die Generalklausel zu sehr eingeschränkt.

[238] VerwRspr. 3, 49.

[239] DVBl 51, 84.

Mit der Ablehnung eines selbständigen Klagerechts ist zugleich entschieden, daß die §§ 23 Abs. 3 MRVO 165 bzw. 36 VGG vorliegend nicht im Sinne der ersten Möglichkeit verwendbar gemacht werden können. Sie normieren überhaupt kein Klagerecht, also auch keines auf fehlerfreien Ermessensgebrauch.

Folgt man der zweiten Möglichkeit und stellt eingangs die Frage, ob der Wortlaut Anhaltspunkte in Richtung des vorliegenden Untersuchungszwecks bietet, so ergibt sich, daß der Wortlaut dafür recht dürftig anmutet. Es heißt in § 23 Abs. 3 MRVO 165:

„Sind die Verwaltungsbehörden ermächtigt, nach ihrem Ermessen zu handeln, so kann die Anfechtung insoweit nur darauf gestützt werden, daß die gesetzlichen Grenzen des Ermessens überschritten seien oder von dem Ermessen in einer dem Zweck der Ermächtigung nicht entsprechenden Weise Gebrauch gemacht worden sei."

Das entspricht im großen der von Fachinger[240] getroffenen Einteilung von äußeren und inneren Ermessensfehlern, die sich bereits bei Bachof[241] findet. Ein wenig anders und nicht so klar gefaßt ist § 36 VGG. Danach kann die Anfechtungsklage gegen Ermessensentscheidungen nur darauf gestützt werden, daß von diesem Ermessen nicht im Sinne des Gesetzes Gebrauch gemacht sei, insbesondere daß Ermessensmißbrauch vorliege[242].

Es ist jedoch unzweifelhaft, daß trotz unterschiedlicher Wortfassung zwischen beiden Vorschriften inhaltliche Übereinstimmung besteht[243]; denn von dem Ermessen ist nicht im Sinne des Gesetzes Gebrauch gemacht, wenn die inneren oder äußeren Ermessensgrenzen objektiv mißachtet wurden.

Auf dem Wege der Wortinterpretation ist das gewünschte Ergebnis, Anhaltspunkte für die Existenz des subjektiv-öffentlichen Rechts auf fehlerfreien Ermessensgebrauch zu gewinnen, nicht zu erreichen. Folgende Argumente stehen entgegen: Der Wortlaut der genannten Normen beschränkt sich darauf, einige Ermessensfehler aufzuzählen — bei § 36 VGG nicht einmal das — und klarzustellen, daß auch in diesen Fällen der Ermessensfehlerhaftigkeit eine Klage nach § 23 Abs. 1 MRVO 165 bzw. 35 VGG möglich sein soll. Vorliegend geht es aber nicht darum, den Gegenstand der Untersuchung als Ermessensfehler zu qualifizieren und ihn in eine dieser Kategorien der Ermessensfehlerhaftigkeit einzuordnen. Das erste Anliegen besteht darin, eine geeignete Anspruchsgrundlage für das subjektiv-öffentliche Recht auf fehlerfreien Ermessensgebrauch zu finden.

---

[240] a. a. O., S. 244.

[241] Bachof, Ermessenskontrolle, Sp. 742 ff.

[242] A.A. ist Jellinek, Verwaltungsrecht, Nachtrag, S. 7, der der süddeutschen Fassung den Vorzug gibt mit der Begründung, sie vermenge nicht, wie die der britischen Zone, die objektiven Schranken des Ermessens und die bloß in den behördlichen Erwägungen liegenden Ermessensfehler.

[243] So auch Eyermann-Fröhler, a. a. O., zu § 36, Anm. 4.

Und in dieser Richtung gibt der Wortlaut keine Anhaltspunkte. Die eindeutige und klare Enumeration der Ermessensfehler spricht dafür, daß der Gesetzgeber wirklich nur die aufgeführten Fälle der gerichtlichen Nachprüfung zugänglich machen wollte, ganz abgesehen davon, daß es schwer fiele, den Anspruch unter die Ermessensfehler zu bringen, da er doch darauf gerichtet ist, solche gerade zu vermeiden. Schließlich sind die §§ 23 Abs. 3 MRVO 165 und 36 VGG für die Anfechtung von Verwaltungsakten von untergeordneter Bedeutung. Es bedurfte ihrer gar nicht, um auf diesem Gebiet einen ausreichenden Rechtsschutz zu erreichen. Die Generalklauseln genügen völlig. Jede Rechtsverletzung beim Erlaß von Verwaltungsakten — und dazu gehören auch fehlerhafte Ermessensentscheidungen — läßt sich mit diesen Vorschriften angreifen. Wenn der Gesetzgeber trotzdem die zur Erörterung stehenden Normen geschaffen hat, dann um Streitigkeiten auf diesem noch weitgehend ungeklärten Gebiet vorzubeugen und vor allem der Praxis Anhaltspunkte für die Beurteilung von Ermessensfragen zu geben. Die §§ 23 Abs. 3 MRVO und 36 VGG, die gerade bezüglich des Anspruchs auf fehlerfreien Ermessensgebrauch in der Literatur Verwirrung ausgelöst haben, stellen also vermutlich nur eine Ergänzung der Generalklauseln dar.

Im ganzen gesehen bleibt es daher unerfindlich, wie man aus dem Wortlaut der Normen bereits ein subjektiv-öffentliches Recht auf fehlerfreien Ermessensgebrauch ableiten will. V. Werder-Labs-Ortmann[244] machen es sich zu einfach, wenn sie meinen, die positive Bestimmung des Abs. 3 des § 23 MRVO 165 enthebe von der Untersuchung, ob der einzelne ein subjektiv-öffentliches Recht auch hinsichtlich behördlicher Ermessensakte insofern besitze, als die Behörde gehalten sei, nur innerhalb der Grenzen des freien Ermessens tätig zu werden, und der Betroffene in seinen Rechten beeinträchtigt sei, wenn diese Grenzen verletzt seien, er also bereits ein Klagerecht nach Abs. 1 besitze.

Da eine Wortinterpretation keine Anhaltspunkte für die Existenz des Untersuchungsgegenstandes ergeben hat, liegt es nahe, durch eine Erforschung von Sinn, Zweck und Stellung der §§ 23 Abs. 3 MRVO 165 bzw. 36 VGG im System zu einem anderen Ergebnis zu kommen.

Folgt man den oben zitierten Meinungen und sieht Sinn und Zweck der Ermessensvorschriften darin, auch auf dem Gebiet des Ermessens einen möglichst lückenlosen Rechtsschutz aufzurichten, so mag es vertretbar scheinen, aus ihnen trotz des eindeutigen Wortlauts das subjektiv-öffentliche Recht auf fehlerfreien Ermessensgebrauch abzuleiten, zumal es weitgehend als letzte Vervollkommnung des Rechtsschutzes verstanden wird. In der Tat wird von einem Teil des Schrifttums und der Rechtsprechung dieser Versuch gemacht.

Als Ausgangspunkt dient der Begriff des Ermessensfehlers. Man erkennt grundsätzlich an, daß die oben[245] aufgezeigten Voraussetzungen

---

[244] a. a. O. zu § 23, Anm. IV.

[245] Siehe oben S. 64 f.

vorliegen müssen, wenn die Anfechtungsklage Erfolg haben soll. Um ihr Vorliegen bei dem Gegenstand der Untersuchung bejahen zu können, bedient man sich eines Kunstgriffs.

Die Verletzung des subjektiv-öffentlichen „Rechts" des einzelnen wird im Ermessensfehler gesehen; d. h. der Ermessensfehler als solcher soll bereits die Verletzung eines subjektiv-öffentlichen Rechts sein.

Nimmt man das an, dann muß dieses subjektiv-öffentliche Recht darauf gerichtet sein, daß keine Ermessensfehler begangen werden, da es anderenfalls durch einen Ermessensfehler gar nicht verletzt werden könnte. Dieses subjektiv-öffentliche Recht, dessen Grundlage im Ermessensfehler und damit im Verwaltungsverfahren liegen soll, wird dann als formelles Recht bezeichnet.

Das ergibt sich aus den Ausführungen Forsthoffs[246]. Zwar erkennt er an, daß der Ermessensfehler für sich allein nur die Verletzung objektiven Rechts darstellt, macht aber davon zwei Ausnahmen. Die eine betrifft den Ermessensrahmen in einer Norm, welche im Interesse des Betroffenen geschaffen ist. Er bringt als Beispiel eine Rechtsnorm, durch die Personen bevorzugt werden sollen, die sich in einer Notlage befinden, und meint, der von dem Grundgesetz und den Verwaltungsgerichtsgesetzen intendierte umfassende Rechtsschutz würde stark entwertet, wenn nicht von dem Betroffenen Ermessensfehler in den Fällen gerügt werden könnten, in denen die Ermessensnorm ausschließlich oder auch in seinem Interesse geschaffen worden sei. Die andere Ausnahme will Forsthoff für die an einem Verfahren beteiligten Personen machen. Wer an einem Verfahren beteiligt sei, trete in ein engeres Verhältnis zur Verwaltung. Er erwerbe mit der Bewerbung und Beteiligung einen Anspruch darauf, daß über die Bewerbung frei von Ermessensfehlern entschieden werde. In diesem Falle könne es auch nicht darauf ankommen, ob die das Ermessen regelnde Norm im Interesse der Beteiligten ergangen sei.

Noch deutlicher wird dieser eingeschlagene Weg aus den Ausführungen Naumanns[247]. Er geht aus von dem Grundsatz, daß die Verletzung subjektiv-öffentlicher Rechte auch dann Voraussetzung einer erfolgreichen Anfechtungsklage sei, wenn die Behörde bei Maßnahmen vom Gericht nachprüfbare Ermessensfehler begangen habe, meint jedoch dann, daß in diesem Fragenbereich Fälle denkbar seien, in denen allein durch den Ermessensfehler eine Beeinträchtigung subjektiver Rechte erfolge. Er bringt das Beispiel der Vermietung einer Wohnung, um die sich gleichzeitig zwei verschiedene Personen bewerben, ohne daß eine von ihnen ein materiell-subjektives Recht auf diese Wohnung hat. Erreiche dann der eine Bewerber, daß ihm die Wohnung zugeteilt werde, und zwar etwa unter Vorschieben unsachlicher Gesichtspunkte, dann sei der andere Bewerber durch den begangenen Ermessensmißbrauch doch vielleicht in seinen Rechten verletzt. Der andere Bewerber habe nämlich den Rechtsanspruch darauf,

---

[246] Lehrbuch, S. 169/170.

[247] a. a. O., S. 93 (94).

gegenüber seinem einzigen Mitbewerber nicht unter ermessenmißbräuchlichen Erwägungen abgelehnt zu werden. Naumann will ihm die Befugnis einräumen, auf diesen Anspruch gestützt „den zugunsten des anderen Bewerbers ergangenen Zuteilungsakt anzufechten". Im Falle, daß er der einzige Bewerber sei, falle ihm die Zuteilung zu seinen Gunsten gewissermaßen in den Schoß, anderenfalls sei zumindest das formelle subjektiv-öffentliche Recht des abgelehnten Bewerbers verletzt, bei einem Erwerberstreit nicht durch ermessensmißbräuchliche Erwägungen abgelehnt zu werden.

Der abgelehnte Bewerber könne dann mit der Anfechtungsklage wenigstens erreichen, daß der Zuteilungsakt zugunsten des anderen Bewerbers aufgehoben und die Behörde verpflichtet werde, erneut unter sachgerechter Würdigung aller Ermessensgesichtspunkte über die Zuteilung der Wohnung zu entscheiden[248].

Auf den ersten Blick erwecken die Ausführungen Naumanns den Anschein, als bewegten sie sich in den traditionellen Bahnen der Ermessenskontrolle, zumal die Begriffe der Rechtsverletzung und des subjektiv-öffentlichen Rechts auftauchen. Da der Wohnungsbewerber kein materielles subjektiv-öffentliches Recht hat, in dem er verletzt sein könnte, fehlt es an einer Voraussetzung zur Erhebung der Anfechtungsklage. Diese Voraussetzung zu erfüllen, bemüht sich Naumann dadurch, daß er ihm einen Rechtsanspruch einräumt, nicht unter ermessensmißbräuchlichen Erwägungen abgelehnt zu werden. Wo dieser Anspruch seine Grundlage haben soll, bleibt unklar. Aus der Akzentuierung des Begriffs des materiellen subjektiv-öffentlichen Rechts könnte man schließen, daß er diesen Anspruch aus dem formellen Recht, dem Verfahrensrecht, herleiten möchte. In dieselbe Richtung tendiert die Bemerkung Mengers[249], es könnten ja bei der Entscheidung der Behörde erhebliche Tatsachen verkannt worden sein, so daß der Verwaltungsakt den Kläger aus diesem Grunde in seinen Rechten beeinträchtige.

Es handelt sich bei diesen Ausführungen letztlich um eine Ergänzung der Meinung Forsthoffs mit dem Unterschied, daß Forsthoff nur in zwei Fällen im Ermessensfehler die Verletzung eines subjektiv-öffentlichen Rechts erblickt, während Naumann keinerlei Einschränkungen zu machen scheint.

Schon der von Forsthoff eingeschlagene Weg ist m. E. nicht gangbar. Er ist weder rechtlich zu halten, noch fordern ihn rechtspolitische Erwägungen. Wenn es auch auf den ersten Blick so aussieht, als wolle er den gesetzlichen Vorschriften genügen, die für die Anfechtung einer Ermessensentscheidung die Verletzung der Rechte des Klägers voraussetzen, so ergibt sich bei näherem Zusehen, daß er mit seinen einschränkenden Thesen dieser Rechtslage nicht gerecht wird.

---

248 Vgl. auch den Beschluß des Württ.-Bad. VGH v. 25. 1. 52, DVBl 52, 404 mit Anm. von Naumann.

249 Menger, DVBl 57, 684.

Was zunächst die erste von ihm angeführte Ausnahme des Grundsatzes angeht, Ermessensfehler seien nur Verletzungen des objektiven Rechts, ist unbestreitbar, daß es Ermessensnormen gibt, die im Interesse des einzelnen geschaffen worden sind. Inwiefern jedoch der einzelne gegen Ermessensentscheidungen vorgehen kann, regelt sich nach den jeweiligen Verfahrensordnungen. Sie bestimmen vorliegend, daß neben der objektiven Rechtsverletzung erste Voraussetzung eines Vorgehens die Verletzung eigener „Rechte" des Klägers ist. Normen, die „im Interesse des einzelnen" bestehen, gewähren keineswegs immer „Rechte", insbesondere läßt sich das nicht aus dem Umstand schließen, daß sie für den einzelnen von Vorteil sind. Stellte man dieses Kriterium in den Vordergrund, müßten heute viele, ja die weitaus meisten Normen „Rechte" gewähren, da sie doch in irgendeiner Weise dem einzelnen Vorteile bringen. Schon dieses Ergebnis zeigt die mangelnde Eignung des von Forsthoff angegebenen Kriteriums für die Entscheidung der Frage, ob ein einklagbares „Recht" vorliegt.

Was die zweite Einschränkung Forsthoffs anbelangt, so kann im wesentlichen auf die vorstehend gemachten Ausführungen verwiesen werden. Ergänzend ist noch anzufügen, daß die Unhaltbarkeit seiner Meinung sich hier besonders deutlich zeigt. Es ist nicht einzusehen, wie aus einer einfachen Beteiligung an einem Verwaltungsverfahren oder einer Bewerbung bei einer Behörde ein „Recht" erwachsen soll. Eine solche Situation verschafft keine andere Rechtsposition, als sie sonst im Umgang mit Behörden entsteht.

Es muß dabei bewenden, daß „Rechte", insbesondere subjektiv-öffentliche Rechte, nur da vorhanden sind, wo der Gesetzgeber sie ausdrücklich normiert hat. Aus den gleichen Gründen sind auch die von Naumann und Menger vorgenommenen Versuche abzulehnen. Sie führen, ebenso wie die Ausführungen Forsthoffs, zu einer Umgehung von Normen der Verwaltungsgerichtsgesetze und stehen auch mit dem Willen des Gesetzgebers in Widerspruch, soweit hier Ansprüche propagiert werden, die der Gesetzgeber nicht normiert hat.

Voraussetzung des verwaltungsgerichtlichen Rechtsschutzes gegenüber Ermessensfehlern ist stets, daß der den Rechtsschutz beanspruchende Kläger durch den fehlerhaften Ermessensakt auch in einem selbständigen „Recht" im weitesten Sinne verletzt worden ist. Der Ermessensfehler ist für sich allein nur ein Verstoß gegen das objektive Recht. Die Verletzung des objektiven Rechts für sich allein stellt noch keine Verletzung subjektiver Rechte dar[250]. Es geht nicht an, dieses Ergebnis durch Einführung einer rechtlich unhaltbaren Konstruktion zu umgehen, für die überdies kein Bedürfnis besteht.

Zunächst darf die Entscheidung des Gesetzgebers nicht übergangen werden. Es steht bei ihm, Normen, die dem einzelnen Vorteile bringen, so auszugestalten, daß dieser unter bestimmten Voraussetzungen ein Recht

---

[250] Huber, a. a. O., Bd. II, § 106, II, 1 c.

auf sie erhält. Die Konstruktionsversuche Forsthoffs und anderer erübrigen sich dann. Tut er es nicht, so liegt die Annahme nahe, daß er sich nicht verpflichten und den einzelnen nicht entsprechend berechtigen wollte. Keinesfalls jedoch erscheint es angängig, in dem Bestreben, einen möglichst „umfassenden Rechtsschutz" zu erreichen, dieses Schweigen des Gesetzgebers unbeachtet zu lassen.

Darüber hinaus mutet dieses Streben nach dem „lückenlosen Rechtsschutz" recht seltsam an. Der Rechtsschutz ist nämlich genügend ausgestaltet, wenn man die Verletzung des rechtlich geschützten Interesses für die Erhebung der Anfechtungsklage genügend sein läßt. Stattdessen versucht man allenthalben, dem einzelnen „Rechte" zuzugestehen, um seinen Rechtsschutz zu verbessern, nachdem man sich selbst auf dem Wege einer durch nichts gerechtfertigten einschränkenden Auslegung der Generalklauseln dieses Rechtsschutzes mindestens teilweise begeben hat. Indem man als Voraussetzung einer Anfechtungsklage die Verletzung eines subjektiv-öffentlichen Rechts fordert, wird die Möglichkeit der Klageerhebung auf eine kleine Zahl von Fällen beschränkt. Dieses unerfreuliche und rechtsschutzfeindliche Ergebnis bemüht man sich u. a. durch Einführung eines subjektiv-öffentlichen Rechts auf fehlerfreien Ermessensgebrauch zu korrigieren und übersieht, daß auf diesem Wege — nämlich durch Einführung einer überflüssigen Konstruktion — die objektive Rechtsordnung ad absurdum geführt wird.

Folgt man der hier vertretenen Meinung und läßt die Verletzung des rechtlich geschützten Interesses für die Erhebung der Anfechtungsklage genügen, ist der Rechtsschutz für den einzelnen durchaus ausreichend.

Im übrigen ist es mehr als zweifelhaft, ob die Einführung des subjektiv-öffentlichen Rechts auf fehlerfreien Ermessensgebrauch dem einzelnen wirklich Vorteile bringt. Man denke nur an die durch die steigende Zahl solcher Rechte bedingte Entwertung der subjektiv-öffentlichen Rechte, die die verbesserte Rechtsposition wieder zunichte macht oder an die weitere Entwertung der objektiven Rechtsordnung, die allein Zusammenhänge gewährleisten kann, während eine Auflösung dieser objektiven Rechtsordnung in ein Nebeneinander von Anspruchsbeziehungen jede rechtsdogmatische Gesamtschau empfindlich beeinträchtigt. Das Mißtrauen gegen die objektive Rechtsordnung muß so langsam aber sicher zur völligen Zerstörung jedes Ordnungsdenkens führen. Darin liegt die besondere Gefahr dieser Überbetonung individualistischer Tendenzen. Man wird letztlich dem Bürger damit keine bessere Rechtssicherheit verschaffen können, sondern ihm u. a. die Übersicht über das System weiter erschweren.

Jedenfalls steht fest, daß die Vorschriften der §§ 23 Abs. 1 und 3 MRVO 165 bzw. 35 und 36 VGG für die Existenz des subjektiv-öffentlichen Rechts auf fehlerfreien Ermessensgebrauch nichts hergeben. Das war auch kaum anders zu erwarten, denn z. B. der § 20 des FGG vom 17. Mai 1898 spricht schon von der Beeinträchtigung des „Rechts" und meint — ebenso wie § 23 MRVO — bloße Beschwer. Niemand ist bisher auf den Gedanken gekommen, aus § 20 FGG einen Anspruch auf fehlerfreien Ermessensgebrauch herauszulesen.

Damit entfällt zugleich die Bezeichnung „formelles" subjektiv-öffentliches Recht. Es kann ohnehin schon als bedenklich angesehen werden, das Begriffspaar „formell-materiell" im öffentlichen Recht zu verwenden, da es, wie Bühler[251] zu Recht betonte, infolge des gleichen Objekts schwerer auseinanderzuhalten ist als im Zivilrecht.

In dem hier gebrauchten Zusammenhang war es sicher irreführend, da es in einem anderen Sinne als sonst verwandt wurde.

Bisher verstand man unter „formellen" Rechten solche, die Verfahrensregelungen enthalten, ein Verfahren einleiten, fördern oder beenden, während „materielle" auf eine bestimmte Sachentscheidung gerichtete Rechte sind. Maßgebend für die Einteilung war das Ziel, das mit ihrer Hilfe erreicht werden sollte. Stattdessen wurde hier die Herkunft als Ausgangspunkt der Einteilung genommen und damit die herrschende Verwirrung noch vergrößert. Man müßte dann, folgte man dieser Einteilung, auf dem Gebiet der formellen Rechte weiter zu unterscheiden suchen zwischen solchen Normen, die auf die Vornahme eines Verwaltungshandelns abstellen (Erfüllung eines „formellen" Rechts im eigentlichen Sinne) und solchen, die auf die Vornahme einer inhaltlich bestimmten Verwaltungshandlung zielen (Erfüllung eines „materiellen" Rechts).

Für die Unterscheidung nach der Herkunft der subjektiv-öffentlichen Rechte besteht im übrigen ebenfalls kein Bedürfnis. Alle subjektiv-öffentlichen Rechte, gleichgültig ob sie einen Anspruch materiellen oder formellen Inhalts gewähren, müssen sich auf eine materiell-rechtliche Grundlage zurückführen lassen. Ob sich diese Grundlage in einer Verfahrensnorm oder in einer materiellen Vorschrift befindet, interessiert denjenigen, der sich darauf berufen will, wenig. Ihm wird es auf das Ziel ankommen, daß er mit ihr erreichen kann. Und da hilft die neue Einteilung nicht weiter.

b) § 24 MRVO 165

Mehr Aussicht auf Erfolg scheint der Versuch zu versprechen, einen selbständigen Anspruch auf fehlerfreien Ermessensgebrauch auf § 24 Abs. 1 und 2 MRVO 165 zu stützen. Obwohl dieser Versuch sehr häufig unternommen wurde und sich auch ein Teil der Judikatur auf diese scheinbare Stütze beruft, ist nirgends genau zu entnehmen, wie die Begründung im einzelnen aussehen soll. Auch in einer der letzten einschlägigen Entscheidungen des OVG Münster[252], die sich mit dem Nachtbackverbot beschäftigt, begnügt sich das Gericht mit der Feststellung, das Gesetz vermittele den Bäckereien keinen unmittelbaren Rechtsanspruch auf Erteilung der Ausnahmeerlaubnis bei sonst erfüllten Voraussetzungen, sondern nur

---

[251] Subjektiv-öffentliche Rechte, S. 161.
[252] Urt. v. 26. 10. 1955 in NJW 56, 397.

einen Anspruch auf fehlerfreie Ermessensausübung bei der Entscheidung über einen Antrag auf Befreiung vom Nachtbackverbot. Es folgt in Klammern der bloße Hinweis auf die §§ 24 Abs. 2, 23 Abs. 2 und 3 MRVO 165.

Nur das LVG Braunschweig[253] hat in etwa den Versuch unternommen, seine Gedankengänge, die zur Anerkennung eines selbständigen Anspruchs auf fehlerfreien Ermessensgebrauch führen sollen, wiederzugeben.

Es geht davon aus, daß zur Schlüssigkeit der auf § 24 Abs. 1 MRVO 165 gestützten Klage die Behauptung eines bestehenden Rechtsanspruchs gehört. Der Begriff des Rechtsanspruchs sei weit auszulegen. Nach den allgemeinen Grundsätzen des Verwaltungsrechts habe der Staatsbürger einen Anspruch darauf, daß die Behörden bei der Handhabung der Verwaltung auch da, wo Regelungen ihrem freien Ermessen anheimgestellt seien, pflichtgemäß handelten und sich jeglicher Willkür enthielten. Deshalb seien nicht nur die Verwaltungsakte anfechtbar, die eindeutige Rechtsansprüche des Klägers verletzen, sondern auch solche, bei denen die Behörden von dem ihnen eingeräumten Ermessen einen fehlerhaften Gebrauch gemacht oder die gesetzlichen Grenzen des Ermessens überschritten hätten. Habe aber der Staatsbürger das Recht, einen wegen Ermessensfehlgebrauchs oder Ermessensüberschreitung fehlerhaften Verwaltungsakt, sofern er ihn in seinen Rechten beeinträchtige, mit der Klage anzufechten, so müsse aus § 23 MRVO 165, der hinsichtlich seiner Absätze 2 und 3 auch auf Untätigkeitsklagen entsprechend anzuwenden sei, im Umkehrschluß gefolgert werden, daß er auch bei Vorliegen der für die Anfechtungsklage notwendigen Voraussetzungen einen Rechtsanspruch auf Vornahme eines Verwaltungsaktes habe. Der Rechtsanspruch bestehe dann darauf, daß die Behörde den begünstigenden Verwaltungsakt ohne Ermessensmißbrauch vornehme.

Diese Argumentation ist aus verschiedenen Gründen nicht haltbar. Sie enthält eine petitio principii, denn sie nimmt einen Anspruch zur Voraussetzung, dessen Vorhandensein erst begründet werden soll.

Zwar ist es richtig, daß die Behörden im Rahmen ihrer Ermessenstätigkeit objektiv-rechtlich verpflichtet sind, pflichtgemäß zu handeln. Daß der Bürger aber von vornherein einen A n s p r u c h auf ein solches Verhalten der Behörde hat, steht nicht ohne weiteres fest. Es läßt sich nicht sagen, daß mit der Verpflichtung der Behörde eine Berechtigung des einzelnen korrespondiert. Dies gilt es zu begründen. Dieser Begründungsversuch ist auf dem hier eingeschlagenen Wege mißlungen. Der einzelne kann sich erst zur Wehr setzen, wenn die Behörde den Grundsatz der Pflichtmäßigkeit außer acht läßt — etwa einen Ermessensfehler begeht — und ihn dadurch in seinen Rechten verletzt. Doch selbst wenn man dem Ausgangspunkt folgt, ist danach das Ergebnis unzutreffend. Wenn die Behörde verpflichtet sein soll, ihre Entscheidung über die Stattgabe oder die Ablehnung eines Antrages ohne Ermessensfehler zu treffen, dann kann der

---

[253] Beschl. v. 13. 11. 57 in NJW 58, 1555 ff. (1556).

Anspruch nur darauf gerichtet sein, daß die Behörde so handelt, nämlich ermessensfehlerfrei. Nach der Auffassung des LVG Braunschweig wäre eine auf die Vornahme des beantragten Verwaltungsaktes gerichtete Klage nur dann begründet, wenn die Ablehnung, die ein versagender Verwaltungsakt ist, in jedem Falle einen Ermessensmißbrauch darstellte[254].

Im übrigen aber steht die Entscheidung nicht im Einklang mit dem Wortlaut und der ratio des § 24 Abs. 1 und 2 MRVO 165.

§ 24 Abs. 1 MRVO 165 unterscheidet zwei Fälle, einmal, daß die Behörde einen Antrag abgelehnt (unechte Untätigkeitsklage), zum anderen, daß sie den Antrag ohne zureichenden Grund innerhalb von zwei Monaten nicht hinreichend beschieden hat (echte Untätigkeitsklage)[255]. Für die vorliegende Untersuchung ist nur die erste Alternative interessant, da die in Abs. 2 erwähnten Vorschriften des § 23 Abs. 2 und 3 MRVO 165 nicht anwendbar sind, wenn eine Behörde untätig geblieben ist und überhaupt keinen Verwaltungsakt erlassen hat. Die Vorschriften des § 23 Abs. 2 und 3 MRVO 165 setzen einen Verwaltungsakt voraus[256].

Eine Voraussetzung für die Begründetheit sowohl der echten als auch der unechten Untätigkeitsklage ist nach § 24 Abs. 1 MRVO 165 die Behauptung eines bestehenden Rechtsanspruchs. Ein Rechtsanspruch in diesem Sinne liegt vor, wenn der Anspruchsinhaber bei Vorliegen bestimmter gesetzlicher Voraussetzungen von dem Anspruchsverpflichteten ein bestimmtes Tun oder Unterlassen verlangen kann (vgl. z. B. die Bauerlaubnis, auf deren Erteilung der Baulustige bei Vorliegen der normierten Voraussetzungen einen Anspruch hat). An einem Anspruch auf ein bestimmtes rechtliches Ergebnis fehlt es, wenn die Behörde nach freiem Ermessen entscheiden kann; denn das Wesen des Ermessens besteht ja darin, daß die Behörde mehrere Verwaltungsentscheidungen treffen kann, von denen jede rechtmäßig ist.

Es stellt sich die Frage, welche Bedeutung dann noch der Vorschrift des § 24 Abs. 2 MRVO 165 zukommt. § 24 Abs. 2 MRVO 165 dient wie § 23 Abs. 3 der Klarstellung. Derjenige, dessen Rechtsanspruch auf Vornahme eines Verwaltungsaktes ablehnend beschieden wurde, soll diese Ablehnung auch mit einer Berufung auf ermessensfehlerhaftes Verhalten der bescheidenden Behörde angreifen können. Im Ergebnis bedeutet § 24 Abs. 1 im Verhältnis zu Abs. 2 das gleiche wie § 23 Abs. 1 zu den Absätzen 2 und 3 MRVO 165. Diese Klarstellung ist in beiden Fällen eigentlich überflüssig. Lehnte beispielsweise eine Bauaufsichtsbehörde die Erteilung einer Baugenehmigung in der irrtümlichen Annahme ab, hierzu nach freiem Ermessen berechtigt zu sein, so läge ein Fall vor, der dem § 24 Abs. 2 MRVO 165 unterfiele. Der abgelehnte Antragsteller könnte auch

---

[254] Obermayer, a. a. O., S. 361 ff. (363), Fußn. 25 a.

[255] Der Meinung Giesges', a. a. O., S. 39, § 24 handele nur von der Untätigkeitsklage — i. S. der echten Untätigkeitsklage — steht bereits der Wortlaut der Norm entgegen. Zur unglücklichen Terminologie vgl. im übrigen Bachof, Klage, S. 7/8.

[256] Klinger, a. a. O., zu § 24, S. 181.

ohne § 24 Abs. 2 MRVO 165 seinen Rechtsanspruch durchsetzen. Ja, er bedürfte materiell-rechtlich des gesamten § 24 MRVO 165 überhaupt nicht.

Die ermessensfehlerhafte Entscheidung ist nämlich rechtswidrig. Sie verletzt das objektive Recht und den abgelehnten Bewerber in seinen Rechten. Eine bloße Anfechtungsklage würde hier schon — in Ermangelung des § 24 MRVO 165 — zum Ziele führen, nämlich zur Aufhebung des ablehnenden Bescheides, womit die Verwaltungsbehörde an sich hinreichend darauf hingewiesen wäre, daß sie dem Antrag stattzugeben hat. Nur weil sich Verwaltungsbehörden erfahrungsgemäß solchen Sprüchen nicht gebeugt haben und eine Schadensersatzklage (Art. 34 GG, § 839 BGB) sich aus verschiedenen Gründen nicht als geeignetes Druckmittel erwiesen hat, ist die Verpflichtungsklage überhaupt notwendig geworden.

Einen selbständigen Anspruch auf fehlerfreien Ermessensgebrauch enthält also auch § 24 MRVO 165 nicht.

An diesem Ergebnis ändert sich nichts, wenn der im Zusammenhang mit § 24 geführten Argumentation Klingers[257] gefolgt würde, der hinsichtlich der Existenz des Untersuchungsgegenstandes folgendes ausführt:

Soweit die verwaltungsmäßige Regelung einer Angelegenheit dem freien Ermessen anheimgestellt sei, bestehe weder eine Verpflichtung, überhaupt eine Regelung, geschweige denn eine Regelung in einem bestimmten Sinne zu treffen. Infolgedessen könne in diesen Fällen auch ein Rechtsanspruch auf Vornahme eines Verwaltungsaktes nicht anerkannt werden. Mit einer Ausnahme: Die Verwaltungsbehörden müßten nach pflichtmäßigem Ermessen handeln und sich vor allem jeder Willkür enthalten. Soweit daher die Ablehnung eines Antrages auf Vornahme eines Verwaltungsaktes auf einen Ermessensfehler zurückzuführen sei, sei dem Betroffenen auch ein Rechtsanspruch auf Vornahme des beantragten Verwaltungsaktes zuzusprechen.

Damit setzt auch Klinger den Ermessensfehler als objektive Rechtsverletzung mit dem Rechtsanspruch im Sinne eines durchsetzbaren Rechts gleich, wozu § 24 Abs. 1 und 2 MRVO 165 keinen Anlaß gibt. Auch hier handelt es sich also um den typischen Fall einer petitio principii. Klinger setzt etwas voraus, was es zu begründen gilt. Die Unrichtigkeit einer solchen Methode wurde bereits oben[258] bezeichnet und erörtert.

c) § 15 Abs. 2 Bundesverwaltungsgerichtsgesetz

Mit der Überprüfung verwaltungsgerichtlichen Ermessens befaßte sich weiter bis zum Inkrafttreten der VwGO § 15 Abs. 2 BVerwGG, der die Anfechtbarkeit von Ermessensentscheidungen zuließ, wenn geltend gemacht wurde, daß das Ermessen überschritten oder mißbraucht worden sei. Es handelt sich hier um die gleiche Einteilung, wie sie bereits in dem § 23

---

[257] a. a. O. zu § 24, Anm. 13.

[258] Vgl. die Ausführungen S. 66 ff.

Abs. 3 MRVO 165 angetroffen wurde. Auf die dort[259] gemachten Ausführungen kann verwiesen werden. Für die Untersuchung lassen sich keine neuen Gesichtspunkte gewinnen, so daß sich ein weiteres Eingehen auf diese Norm erübrigt.

2. § 114 Verwaltungsgerichtsordnung (VwGO)

Weiter enthält eine Regelung der gerichtlichen Ermessenskontrolle § 114 VwGO.

Gerade bei der Abfassung dieser Norm konnte eine Auseinandersetzung bezüglich des Anspruchs auf fehlerfreien Ermessensgebrauch mit Sicherheit erwartet werden; denn es lag nahe, daß die Verwaltungsgerichtsordnung viele Streitfragen in Literatur und Rechtsprechung, die sich an den bislang geltenden Verwaltungsgerichtsordnungen entzündet hatten, in irgendeiner Weise entscheiden sollte. Diese Erwartung war um so größer, als gerade zur Zeit der Entstehung und Beratung des Gesetzes der Streit um die Anerkennung dieses Rechtsinstituts durch die Monographie Bachofs und viele Gerichtsentscheidungen wieder in den Blickpunkt des Interesses gerückt war. Aber es findet sich kein Anhaltspunkt dafür, daß das subjektiv-öffentliche Recht auf fehlerfreien Ermessensgebrauch im Gesetz berücksichtigt worden ist. Der § 114 VwGO hält sich nämlich, was die Überprüfung von Ermessensentscheidungen anbelangt, in der Formulierung weitgehend, in der inhaltlichen Fassung vollständig an die bereits bestehenden einschlägigen Vorschriften der einzelnen Verwaltungsgerichtsgesetze. Nach § 114 VwGO ist gegen Ermessensentscheidungen die Anfechtungsklage dann zulässig, wenn die gesetzlichen Grenzen des Ermessens überschritten oder von dem Ermessen in einer dem Zweck der Ermächtigung nicht entsprechenden Weise Gebrauch gemacht worden ist.

Diese fast schon traditionell zu nennende Formulierung bringt im Vergleich zu den erörterten Normen nichts Neues, so daß sich aus ihr für die Existenz des Untersuchungsgegenstandes nichts gewinnen läßt[260].

III. Für den Untersuchungszweck geeignet erscheinende Gesetzesvorschriften außerdeutschen Rechts

Im ausländischen Verwaltungsrecht befaßt sich u. a. Art. 130 des österr. BVerfG vom 1. 10. 1920 i. d. F. vom 9. 10. 1946 mit der Überprüfung von Bescheiden und in Abs. 2 speziell mit der von Ermessensentscheidungen. Nach Abs. 1 des Art. 130 BVerfG erkennt der VGH über Beschwerden, soweit Rechtswidrigkeit von Bescheiden der Verwaltungsbe-

---

[259] Vgl. die Ausführungen S. 62 ff.

[260] Es bleibt bei dieser Rechtslage unerfindlich, wie Klinger, VwGO, S. 151, Koehler, a.a.O. zu § 42, C IV, 4 und Ule, a.a.O. zu § 42, Anm. II, 2 a. E. ohne nähere Begründung von der Existenz des subjektiv-öffentlichen Rechts auf fehlerfreien Ermessensgebrauch ausgehen können.

hörden oder Verletzung der Entscheidungspflicht behauptet wird. Nach Abs. 2 liegt Rechtswidrigkeit (eines Bescheides) nicht vor, soweit die Gesetzgebung von einer bindenden Regelung des Verhaltens der Verwaltungsbehörde absieht und die Bestimmung dieses Verhaltens der Behörde selbst überläßt, die Behörde aber von dem freien Ermessen im Sinne des Gesetzes Gebrauch gemacht hat.

Diese Regelung des Art. 130 Abs. 2 BVerfG gibt bereits von der Wortfassung her weniger Anhaltspunkte für den Gegenstand der Untersuchung als die vorstehend erörterten deutschen Normen. Nach der Wortfassung kann es sogar zweifelhaft sein, ob die Behörden zur Ermessensentscheidung „befugt" sind[261]. Doch wird man in der Formulierung, die davon spricht, daß der Behörde die Bestimmung des Verhaltens selbst überlassen sein soll, die Einräumung einer Befugnis zum Handeln nach eigenem Ermessen sehen können[262]. Es werden ferner keinerlei Unterscheidungen der verschiedenen denkbaren Ermessensfehlerquellen getroffen, sondern es bewendet bei einer negativen Umschreibung des Begriffs der Rechtswidrigkeit.

Somit steht fest, daß der Art. 130 BVerfG sich in den traditionellen Bahnen der Ermessenskontrolle bewegt, wie sie bereits oben bei der Begriffsbestimmung und Umschreibung des Ermessens aufgezeigt wurden. Auf Grund der offenbaren Verbindung zur Tradition kann dieser Norm trotz ihrer recht unbestimmten und daher für den Untersuchungszweck scheinbar günstigen Fassung für die Existenz des subjektiv-öffentlichen Rechts auf fehlerfreien Ermessensgebrauch nichts entnommen werden.

Neue Gesichtspunkte, die der hier vogenommenen Untersuchung förderlich sein könnten, ergeben sich auch nicht aus der schweizerischen Verwaltungsrechtspflege. Hier beruht das Verwaltungsstreitverfahren auf Art. 114 bis BV und den Artikeln 97 ff. des Bundesgesetzes über die Organisation der Bundesrechtspflege. Während in den Artikeln 97 bis 99 die Beschwerdefälle enumerativ — in der Schweiz besteht bisher nicht einmal die Generalklausel[263] — aufgeführt sind, gibt der interessierende Artikel 114 OG die Beschwerdegründe an. Mit der Verwaltungsgerichtsbeschwerde kann nur geltend gemacht werden, daß der Entscheid auf einer Verletzung des Bundesrechts beruhe. Dies ist dann der Fall, wenn ein in einer eidgenössischen Vorschrift ausdrücklich ausgesprochener oder daraus sich ergebender Rechtssatz nicht oder nicht richtig angewendet worden ist. Damit gleicht Art. 104 OG schon im äußeren Aufbau dem Art. 130 österr. BVerfG. Trotz voneinander abweichender Formulierungen — das Wort „Ermessen" wird nicht gebraucht — besteht inhaltlich Übereinstimmung. Auch hier wird eine Rechtsverletzung vorausgesetzt. Die Verwaltungsgerichtsbarkeit beschränkt sich auf Rechtskontrolle. Eine Rechtsverletzung

---

[261] Vgl. demgegenüber den Wortlaut des § 23 Abs. 3 MRVO 165: Sind die Verwaltungsbehörden ermächtigt, ...

[262] Adamovich, Grundriß, S. 287.

[263] Vgl. Ruck, Lehrbuch, Bd. I, S. 243/244.

auf dem Gebiet des Ermessens liegt aber solange nicht vor, wie sich die Verwaltung mit ihren Maßnahmen im Rahmen der Rechtsordnung hält und innerhalb der Rechtsgrenze das ihr gesetzlich zuerkannte freie Ermessen betätigt[264].

Einzugehen ist noch auf Art. 33 des Vertrages über die Europäische Gemeinschaft für Kohle und Stahl, der sich u. a. auch mit der Anfechtung von Ermessensentscheidungen der Hohen Behörde vor dem Gerichtshof befaßt[265]. In Art. 33 Satz 1 und Satz 2 findet sich im französischen Text, der authentisch ist, der Begriff des détournement de pouvoir, der in der deutschen Fassung mit „Ermessensmißbrauch" übersetzt wird. Beide Begriffe sind jedoch nicht identisch.

Der französische Begriff ist wesentlich enger zu fassen. So definieren z. B. Duez und Debeyre[266] folgendermaßen: «Il y a détournement de pouvoir lorsque l'agent accomplit son acte en poursuivant un but autre que celui en vue duquel ses pouvoirs lui ont été confiés». Das Charakteristische ist also Gebrauch der Amtsgewalt zu anderen Zwecken als jenen, zu denen sie vom Gesetzgeber gewährt worden sind[267]. Es ist weiter wesentlich, und dieser Gesichtspunkt darf auf keinen Fall unterschätzt werden, daß in das Wort «but» (Zweck) von der Rechtsprechung des Conseil d'Etat eine rechtswidrige Absicht, ein rechtswidriges Ziel hineininterpretiert wird. Es liegt also in dem Tatbestand etwas subjektiv Verwerfliches. Mit der Aufhebung einer Verwaltungsmaßnahme wegen «détournement de pouvoir» durch den Conseil d'Etat ist gleichzeitig incidenter mitentschieden, daß der handelnde Beamte nicht sittlich billigenswert gehandelt hat. Tezner[268] konnte sagen, daß die Aufhebung eines Verwaltungs-

---

[264] Vgl. Ruck, Lehrbuch, Bd. I, S. 248, und die weiteren Ausführungen, a. a. O., S. 249.

[265] Art. 33: Der Gerichtshof ist zur Entscheidung über Nichtigkeitsklagen zuständig, die ein Mitgliedsstaat oder der Rat gegen Entscheidungen und Empfehlungen der Hohen Behörde wegen Unzuständigkeit, Verletzung wesentlicher Formvorschriften, Verletzung des Vertrages oder irgendeiner bei seiner Durchführung anzuwendenden Rechtsnorm oder wegen Ermessensmißbrauchs erhebt. Die Nachprüfung durch den Gerichtshof darf sich jedoch nicht auf die Würdigung der aus den wirtschaftlichen Tatsachen oder Umständen sich ergebenden Gesamtlage erstrecken, die zu den angefochtenen Entscheidungen oder Empfehlungen geführt hat, es sei denn, daß der Hohen Behörde der Vorwurf gemacht wird, sie habe ihr Ermessen mißbraucht oder die Bestimmungen des Vertrages oder irgendeiner bei seiner Durchführung anzuwendenden Rechtsnorm offensichtlich verkannt.

Die Unternehmen oder die in Art. 48 genannten Verbände können unter denselben Bedingungen Klage gegen die sie individuell betreffenden Entscheidungen und Empfehlungen oder gegen die allgemeinen Entscheidungen und Empfehlungen erheben, die nach ihrer Ansicht einen Ermessensmißbrauch ihnen gegenüber darstellen.

[266] a. a. O., S. 391.

[267] v. Laun, Festschrift, S. 133.

[268] Jahrbuch, S. 98 ff.

aktes wegen «détournement de pouvoir» letztlich eine Taktfrage sei. Mit der Kontrolle des «détournement de pouvoir» hat sich der Conseil d'Etat zum Richter über die Verwaltungsmoral erhoben[269].

Aus dem Begriff des Ermessensmißbrauchs, wie er in vielen Normen des deutschen Verwaltungsrechts auftaucht, ließ sich für die Existenz des Untersuchungsgegenstandes nichts gewinnen. Aus dem entsprechenden französischen Begriff ergibt sich trotz erheblicher inhaltlicher Unterschiede nichts anderes. Im Gegenteil, der «détournement de pouvoir» ist dazu auf Grund seiner engen Fassung besonders ungeeignet. Ungeeignet ist überhaupt die gesamte französische Regelung der Ermessenskontrolle, im Rahmen der vorgenommenen Untersuchung etwas über die Existenz des subjektiv-öffentlichen Rechts auf fehlerfreien Ermessensgebrauch auszusagen. Das liegt vornehmlich daran, daß sie infolge der elastischen und darum besonders anpassungsfähigen Lösung, die sie gefunden hat, ein subjektiv-öffentliches Recht auf fehlerfreien Ermessensgebrauch völlig überflüssig macht. Es besteht kein Bedürfnis für seine Einführung. Wenn ein Fall fehlerhafter Ermessensanwendung vorliegt und sich diese Fehlerhaftigkeit nicht aus gesetzlichen Vorschriften entnehmen läßt, entwickelt der Conseil d'Etat selbst, anders, als es in unserem Verwaltungsstreitverfahren üblich ist, die Maßstäbe und setzt die Grenzen für die Ermessensausübung fest. An ihnen kontrolliert er dann, wenn ein Rechtsschutzbedürfnis vorliegt, die Rechtmäßigkeit der Maßnahme. So ist letztlich immer eine verwaltungsgerichtliche Kontrollmöglichkeit auch auf dem Gebiet des Ermessens vorhanden, allerdings unter der Voraussetzung, daß der Conseil d'Etat eine Überprüfung für angezeigt erachtet.

Aus der Ungeeignetheit des französischen Systems der Ermessenskontrolle für die vorliegende Untersuchung folgt weiter, daß auch aus Art. 33 kein brauchbares Ergebnis herzuleiten ist; denn Art. 33 hat im französischen Verwaltungsrecht sein Vorbild und ist nur von dort her zu verstehen.

Damit soll die Untersuchung der Frage, ob sich in irgendeiner verwaltungsrechtlichen Vorschrift eine Normierung des subjektiv-öffentlichen Rechts auf fehlerfreien Ermessensgebrauch findet, abgeschlossen werden. Es erscheint müßig, noch weitere Normen (z. B. § 38 Abs. 2 Baulandbeschaffungsgesetz v. 3. 8. 1953) auf einen solchen Inhalt zu überprüfen. Das Ergebnis würde sich kaum ändern, da nicht anzunehmen ist, daß weniger wichtige Vorschriften ein solches subjektiv-öffentliches Recht enthalten, während weitaus wichtigeren Normen in dieser Beziehung nichts zu entnehmen ist.

Im Ergebnis ist somit festzustellen, daß sich nirgendwo im deutschen oder ausländischen Verwaltungsrecht eine grundlegende Normierung des subjektiv-öffentlichen Rechts auf fehlerfreien Ermessensgebrauch findet.

---

[269] Steindorff, a. a. O.

IV. Die für den Untersuchungszweck geeignet erscheinenden Normen des deutschen Verfassungsrechts

Es bleibt nunmehr zu prüfen, ob sich das subjektiv-öffentliche Recht auf fehlerfreien Ermessensgebrauch aus Verfassungsnormen unmittelbar herleiten läßt oder ihnen wenigstens Anhaltspunkte für seine Existenz zu entnehmen sind.

Zu denken ist dabei zunächst an einige Verfassungsartikel deutscher Bundesländer, in denen die Ermessenskontrolle expressis verbis vorgesehen ist.

1. Die Ermessenskontrolle regelnde Normen einzelner Länderverfassungen

Während Art. 93 der Bayrischen Verfassung nur ganz allgemein festlegt, daß über verwaltungsrechtliche Streitigkeiten Verwaltungsgerichte zu entscheiden haben, umreißt Art. 41 der Bremischen Verfassung die Prüfungsbefugnis der Gerichte eingehender. Sie erstreckt sich danach auch auf die Überprüfung der Gesetzmäßigkeit von Rechtsverordnungen, behördlichen Verfügungen und Verwaltungsmaßnahmen. Mit der Ermessensüberprüfung befaßt sich expressis verbis Art. 124 der Verfassung von Rheinland-Pfalz. Hier entscheiden auf Anrufung durch den Betroffenen die Verwaltungsgerichte darüber, ob Anordnungen und Verfügungen der Verwaltungsbehörden dem Gesetz entsprechen und die Grenzen des pflichtgemäßen Ermessens nicht überschreiten. Für die Untersuchung läßt sich aus allen diesen Verfassungsnormen nichts Neues gewinnen. Es handelt sich um Formulierungen, die in verschiedenen unwesentlichen Abwandlungen in den meisten der schon erörterten Normen zu finden waren. Das trifft auch für Art. 74 Abs. 1 der Verfassung von Nordrhein-Westfalen zu. Diese Norm bringt noch einmal das, was sich mit ein wenig anderen Worten bereits in der Generalklausel der MRVO 165 findet.

Geller-Kleinrahm[270] sehen die Hauptbedeutung dieser Regelung in einer verfassungsmäßigen Verankerung der Generalklausel, um nach etwaigem Wegfall der MRVO 165 eine Rückkehr zum preußischen Enumerationsprinzip auszuschalten. Die Bestimmung entfalte daher vorläufig keine aktuelle Wirksamkeit[271]. Der letztgenannte Grund, aber noch stärker die Übereinstimmung mit § 23 Abs. 3 MRVO 165 lassen es müßig erscheinen, Art. 74 der Verfassung von Nordrhein-Westfalen näher zu untersuchen. Es würde sich gegenüber den zu § 24 Abs. 3 MRVO 165 gemachten Ausführungen keine Änderung ergeben.

2. Einzelne „Grundrechte" des Bonner Grundgesetzes

Es soll nunmehr noch versucht werden, einzelne „Grundrechte" des Grundgesetzes für den Zweck der Untersuchung nutzbar zu machen. Die

[270] a. a. O., zu Art. 74, Anm. 2.
[271] a. a. O., zu Art. 74, Anm. 2.

Erörterung begibt sich damit auf ein Gebiet, das sich als Grundlage für rechtliche Konstruktionsversuche besonders zu eignen scheint. Sehr oft beruft man sich in der Rechtsprechung auf Grundrechte, wo man mit einfachen gesetzlichen Vorschriften noch zurecht käme.

Das mag an dem Rang der „Grundrechte" liegen. Sie sind verfassungsmäßig verbriefte Rechte, die allen anderen Normen vorgehen. Ferner mag die noch im Fluß befindliche oder gerade erst in Fluß geratene wissenschaftliche Durchdringung der verfassungsrechtlichen Materie das ihrige dazu beigetragen haben.

Allenthalben ist man bemüht, noch bestehende Probleme durch unmittelbare Heranziehung von Normen des Grundgesetzes zu lösen, ohne zu bedenken, daß gerade auf diese Weise inflationistische Tendenzen auf dem Gebiet der Grundrechte gefördert werden.

Auffallend ist allerdings, daß hinsichtlich des subjektiv-öffentlichen Rechts auf fehlerfreien Ermessensgebrauch Normen des Grundgesetzes wider Erwarten noch nicht in dem Maße herangezogen worden sind, wie es zu erwarten gewesen wäre. Soweit ersichtlich haben sich die Gerichte bislang kaum, und wenn, dann nur recht lückenhaft um die Ableitung eines solchen Anspruchs aus Normen des Grundgesetzes bemüht. Sie begnügen sich allgemein mit der Feststellung, der einzelne habe einen solchen Anspruch[272]. Im Schrifttum hingegen läßt sich eher der Versuch beobachten, das subjektiv-öffentliche Recht auf fehlerfreien Ermessensgebrauch aus „Grundrechten" herzuleiten. Er wird in erster Linie gestützt auf die Art. 2 Abs. 1, 3, 17 und 19 Abs. 4 GG.

Was Art. 2 Abs. 1 GG anlangt, so kann diese Norm bei der folgenden Untersuchung unberücksichtigt bleiben. Es wurde bereits oben[273] festgestellt, daß sie kein Grundrecht darstellt, daher keinerlei Ansprüche — also auch nicht solche auf fehlerfreien Ermessensgebrauch — gewährt. Es ist unerheblich, daß es sich dort um das subjektiv-öffentliche Recht als Unterfall eines allgemeinen öffentlich-rechtlichen Unterlassungsanspruchs handeln sollte; denn wenn aus Art. 2 Abs. 1 überhaupt keine Ansprüche unmittelbar zu entnehmen sind, dann erst recht keine auf ein staatliches Tun gerichtete, zumal ganz herrschende Auffassung ist, daß Art. 2 Abs. 1 dem status libertatis angehört[274].

a) Das „Recht auf Gleichbehandlung" des Art. 3 Abs. 1 GG

Neben Art. 2 Abs. 1 ist es insbesondere Art. 3 Abs. 1 GG, auf den heute in starkem Maße zurückgegriffen wird, um irgendwelche öffentlich-rechtlichen Ansprüche gegen Hoheitsträger zu begründen. Besonders

---

[272] Vgl. die Entscheidungen des VGH Bayern, DÖV 50, 445; des BVerwG, DVBl 56, 135 (136), des OVG Rheinland-Pfalz, JZ 56, 259 (260).

[273] Vgl. die Ausführungen S. 51 ff., insbesondere S. 54 ff.

[274] Vgl. Dürig in Maunz-Dürig, a. a. O., zu Art. 2 Abs. 1, Anm. IV; Klein in v. Mangoldt-Klein, a. a. O., S. 165 f.

Ipsen[275] weist auf die materiell-rechtlichen und verfahrensmäßigen Auswirkungen des Art. 3 Abs. 1 GG auf dem Gebiete der Verwaltungstätigkeit hin. Da er in dem Gleichheitssatz u. a. eine Ausprägung des allgemeinen Prinzips der Gesetzmäßigkeit der Verwaltung sieht, ist dieser für ihn Bestandteil des Verwaltungsrechts. Als solcher werde er „in einer Art rechtstechnischen Verständnisses zum Element der Ermessenslehre". Es sei dann nur konsequent anzunehmen, daß da, wo das Gleichheitsgebot mit dem Willkürverbot identifiziert werde, einer ganzen Reihe von verwaltungsrechtlich allgemein anerkannten Ermessensfehlern die Berufung auf seine Verletzung erschlossen werde. Nicht übersehen werden dürften schließlich die Vorteile in Bezug auf den Rechtsschutz, wenn es gelinge, Rechtsverletzungen im Bereich des Verwaltungsrechts gleichzeitig als Grundrechtsverletzungen zu qualifizieren[276].

Ausdrücklich auf den Gleichheitssatz beruft sich auch das LVG Minden in seinem Beschluß vom 30. 7. 1951[277].

Es sieht im Gleichheitssatz des Art. 3 Abs. 1 GG unter Hinweis auf Art. 1 Abs. 3 GG ein Grundrecht des Staatsbürgers, das Gesetzgebung, Verwaltung und Rechtsprechung als unmittelbar geltendes Recht binde. Daraus folge für den Kläger ein subjektiv-öffentliches Recht auf Gleichbehandlung mit anderen in gleicher Lage befindlichen Interessenten.

Schließlich mißt Hildegard Krüger[278] Art. 3 Abs. 1 GG eine besondere Aktualität in der heutigen Verfassungswirklichkeit zu, wenn sie aus vorangegangenem Verwaltungshandeln und dem in Art. 3 Abs. 1 GG niedergelegten Gleichheitsgrundsatz einen materiellen Anspruch auf Gleichbehandlung herleitet[279]. Sie sieht in der Verletzung des Art. 3 Abs. 1 GG einen der häufigsten Fälle von Ermessensmißbrauch. Sie beruft sich auf ein Urteil des BVerfG[280]. Darin heißt es wörtlich: „Wenn es der Sinn der Vorschrift ist, daß nach pflichtgemäßem Ermessen eine Entschädigung gewährt werden kann, so kann aus Art. 3 kein Anspruch auf Entschädigung im Einzelfall begehrt werden; es besteht nur ein Anspruch[281] darauf, daß sie nicht willkürlich versagt wird". Dieser Anspruch ist für sie ein formales Recht auf ermessensfehlerfreie Entscheidung, dessen Konsequenz es sei, daß das Gericht die ablehnende Verfügung aufhebe, ohne die Behörde gleichzeitig für verpflichtet zu erklären, die verweigerte Amtshandlung vorzunehmen, es sei denn, daß die Ermessensentscheidung nur in einem Sinne erfolgen könne, und zwar zugunsten des Klägers. Dabei wird unter einem „formalen Recht" auf ermessensfehlerfreie Entscheidung innerhalb der Sphäre des gesetzten Rechtes die Geltendmachung der Ermessensnachprüfung nach den §§ 23, 24 MRVO 165 verstanden. Im glei-

[275] Gleichheit, S. 147.
[276] Ipsen, Gleichheit, S. 147.
[277] JZ 52, 490 (491).
[278] Gruppenrechte, S. 178 ff. und 208 ff.
[279] Gruppenrechte, S. 211.
[280] E 3, 4 ff. (10).
[281] Sperrung vom Verfasser.

chen Umfang, wie im materiellen Recht die Rechtsposition des Staatsbürgers eingeschränkt worden sei, der Gesetzgeber sich also einer zwingenden Regelung enthalten habe, gewährten die Schöpfer der Verwaltungsgerichtsordnung dem Staatsbürger dieses formale Recht.

Bei dem Versuch, Art. 3 Abs. 1 GG für den Zweck der Untersuchung verwendbar zu machen, erscheint es angebracht, die Argumentation mit einem Beispiel einzuleiten.

Beantragen zwei Personen die Erteilung der Bauerlaubnis und liegen die Voraussetzungen in beiden Fällen vor, versagt die Behörde aber aus irgendeinem Grunde einem Antragsteller die Bauerlaubnis, dann ergibt sich für den abgelehnten folgende rechtliche Situation: Verletzt ist das objektive Baurecht, aus dem sich ergibt, daß die Bauerlaubnis zu erteilen ist und sein aus den baurechtlichen Regelungen fließendes subjektiv-öffentliches Recht auf Erteilung der Bauerlaubnis. Darüber hinaus liegt zugleich eine Verletzung des Gleichheitssatzes des Art. 3 Abs. 1 GG als einer objektiven Rechtsnorm vor. Der Gleichheitssatz legt bindend fest, daß alle Menschen vor dem Gesetz gleich sein sollen. Er verbietet „bei im wesentlichen gleichen Tatbeständen"[282] jede ungleiche Behandlung, wobei es keinen Unterschied machen kann, ob das durch materielle oder formelle Akte der öffentlichen Gewalt geschieht.

Unterstellt man weiter, daß dem einzelnen aus Art. 3 Abs. 1 GG auch ein subjektiv-öffentliches Recht auf Gleichbehandlung zufließen würde, dann wäre auch dieses verletzt. Als Zwischenergebnis ist festzuhalten: In beiden Fällen sind die Voraussetzungen einer Anfechtungsklage gegeben. Der abgelehnte Bewerber kann sie erheben, entweder unter Berufung auf das Baurecht oder auf Art. 3 Abs. 1 GG[283]. Folgt man allerdings den Grundsätzen der Gesetzeskonkurrenz — Spezialität —, wird der auf Normen des Baurechts gestützte Anspruch vorgehen[284].

Anders liegt die Rechtslage, wenn die Behörde ermächtigt ist, nach freiem Ermessen zu handeln und zwei Ermessensentscheidungen unterschiedlichen Inhalts trifft, obwohl die Sachlage, wie sie sich für den Bürger darstellt, dies nicht zu rechtfertigen scheint. Das kann dann der Fall sein, wenn es beispielsweise im Ermessen der Behörde steht, welchen Anliegern sie gestattet, über die Baufluchtlinie zu bauen (Baudispens) und sie bei gleicher Sachlage einem Anlieger die Erlaubnis versagt. Halten sich beide Entscheidungen innerhalb der gesetzlichen Grenzen des Ermessensspielraums und kann sich die Behörde für ihre Entscheidung „auf ausreichenden sachlichen Grund und ausreichende Orientierung an Sinn und Zweck der einschlägigen Rechtssätze[285] berufen, dann wird ein Kläger kaum er-

[282] BVerfGE 1, 52 und 107; 3, 380.

[283] Inwieweit eine Verfassungsbeschwerde nach § 90 BVerfGG gegeben ist, interessiert hier nicht.

[284] Es ist darauf hinzuweisen, daß heute aber die Tendenz bemerkbar wird, diese Grundsätze mit Blick auf die „höherrangigen Verfassungsnormen" nicht mehr anzuerkennen.

[285] Bayr. VGH n. F., Bd. 1, Teil II, 64, 79.

folgreich mit der Anfechtungsklage gegen die von der Behörde getroffene Entscheidung vorgehen können; denn es liegt keinerlei Ermessensfehlerhaftigkeit vor. Jede Entscheidung ist rechtmäßig.

Folgt man der Auffassung, die für die Erhebung der Anfechtungsklage die Verletzung subjektiver Rechte fordert, dann kommt es gar nicht zur Einleitung eines Verfahrens. Es fehlt bereits an der Verletzung des objektiven Fluchtlinienrechts, auf jeden Fall aber an der Verletzung des Klägers „in seinen Rechten"; denn er hat kein Recht auf eine bestimmte, ihm günstig erscheinende Entscheidung der Behörde.

Das Ergebnis ist unbefriedigend. Der Adressat mag gerade diese Entscheidung als eine Belastung empfinden, was bei einer anderen, die gegenüber einem in gleicher Lage Befindlichen getroffen wurde, möglicherweise nicht der Fall ist.

Nach der hier vertretenen Auffassung hingegen, die für die Erhebung der Anfechtungsklage die Beeinträchtigung der „Rechtssphäre" genügen läßt, ist die Klage zulässig, sie wird jedoch als unbegründet abgewiesen werden. Es bedarf also auch hier der Einführung subjektiver Rechte — etwa eines Anspruchs auf Gleichbehandlung — nicht, um die Rechtsschutzmöglichkeiten voll auszuschöpfen.

Soll auch für die erstgenannte Meinung noch eine verwaltungsgerichtliche Kontrolle eröffnet werden, so ließe sich das mit folgendem Gedankengang erreichen, zu dessen Richtigkeit an anderer Stelle Ausführungen zu machen sein werden[286].

Der Gleichheitssatz des Art. 3 Abs. 1 GG fordert, daß Entscheidungen bei gleicher Sach- und Rechtslage gleich zu treffen sind. Das gilt auch auf dem Gebiet des Ermessens. Denselben Inhalt hat der „Anspruch auf Gleichbehandlung" des Art. 3 Abs. 1 GG. Er ist darauf gerichtet, daß in gleicher Lage befindliche Personen gleichbehandelt werden.

Hat die Behörde Ermessensfreiheit, so kann sie grundsätzlich zwischen mehreren Entscheidungen wählen. Begrenzt wird ihre Ermessensfreiheit aber durch die Gesetze, die den Bereich für Ermessensentscheidungen festlegen, u. a. durch den „Anspruch auf Gleichbehandlung", d. h. sie darf soweit von ihrem Ermessen Gebrauch machen, wie sie nicht mit ihm in Widerspruch gerät[287]. Tut sie das, dann ist die ergangene Entscheidung rechtswidrig. Die dem Ermessen gesetzten Grenzen sind verletzt. Es liegt ein Ermessensfehler vor. Wenn aber die ungleiche Behandlung in Ermessenssachen einen Ermessensfehler bewirkt, dann unterliegt es keinen Bedenken, den „Anspruch auf Gleichbehandlung" als „Anspruch auf fehlerfreien Ermessensgebrauch" zu bezeichnen. Diese Argumentation deckt sich, was das Ergebnis angeht, mit den Ausführungen Dürigs[288], der meint, es

---

[286] Vgl. die Ausführungen unten S. 91 ff.

[287] Vgl. dazu Leibholz, Gleichheit, Vorwort, S. 1, unter Berufung auf das Bundesverfassungsgericht.

[288] in Maunz-Dürig, a. a. O., zu Art. 19 Abs. 4 GG, Randnummer 36.

handele sich beim Anspruch auf fehlerfreien Ermessensgebrauch um einen Rückgriff auf das „Hauptgleichheitsrecht" des Art. 3 Abs. 1[289].

Eine Verletzung des Gleichheitsanspruchs zu rügen, dürfte nicht schwer fallen, da ein Hinweis auf einen gleich gelagerten, im rechtlichen Ergebnis anders entschiedenen Fall immer möglich sein wird. Mit dieser Argumentation wird das subjektiv-öffentliche Recht auf fehlerfreien Ermessensgebrauch ein Ausfluß des Gleichheitsgrundsatzes, wie er in Art. 3 Abs 1 GG zum Ausdruck kommt. Anzumerken bleibt, daß der Anspruch nicht dahin geht, eine bestimmte, also letztlich eine mit der zum Beweis der Verletzung des Gleichbehandlungsanspruchs herangezogenen Entscheidung übereinstimmende zu treffen, sondern nur die ergangene Entscheidung aufzuheben und damit den Weg frei zu machen für ein neuerliches Tätigwerden der Behörde.

Inwiefern die Argumentation zutrifft oder haltbar ist, d. h. inwiefern Art. 3 Abs. 1 GG als materiell-rechtliche Grundlage des subjektiv-öffentlichen Rechts auf fehlerfreien Ermessensgebrauch in Betracht kommt, hängt davon ab, ob aus Art. 3 Abs. 1 GG überhaupt ein „Anspruch auf Gleichbehandlung" hergeleitet werden kann.

Bei dem Versuch, die Frage zu beantworten, ob Art. 3 Abs. 1 GG ein subjektiv-öffentliches Recht enthält, sehe ich mich einer Flut von Literatur gegenüber, deren einigermaßen lückenlose Erwähnung, geschweige denn Bearbeitung von vornherein unmöglich erscheint[290]. Es ist festzustellen, daß die mit Art. 3 Abs. 1 GG verbundene Problematik von einer zufriedenstellenden Lösung weiter denn je entfernt ist.

Es kann nicht Aufgabe dieser Ausführungen sein, dies auch nur annähernd zu berücksichtigen oder gar mit neuen Theorien aufzuwarten, zumal es sich nur um einen geringen Ausschnitt der Arbeit handelt.

Einige einleitende Klarstellungen sind jedoch unumgänglich.

Es gilt darauf hinzuweisen, daß Gegenstand der Erörterung nur der in Art. 3 Abs. 1 GG normierte Gleichheitssatz des Inhalts ist: Alle Menschen sind vor dem Gesetz gleich. Dieser auf den ersten Blick so einfach erscheinende Satz ist bereits wortmäßig äußerst unklar und daher lange Zeit Gegenstand heftigen Streites gewesen. Man war sich nicht einig, ob damit auf die „Rechtsanwendungsgleichheit"[291] oder die „Rechtsetzungsgleichheit"[292] abgestellt werden sollte. Das Bundesverfassungsgericht[293] hat diesen Streit jetzt endgültig dahin entschieden, daß der Gleichheitssatz auch den Gesetzgeber binde. Dieses Ergebnis ist eigentlich selbstverständlich. Es ergibt sich schon aus Art. 20 Abs. 3 GG. Insoweit ist die diesbe-

---

[289] Dürig in Maunz-Dürig, a. a. O., zu Art. 19 Abs. 4 GG, S. 26, Fußn.

[290] Vgl. Ipsen, Gleichheit, S. 111 ff. (113), der meint, ein Blick auf die bisherigen theoretischen Bemühungen dieser Art, die deutsche Judikatur ... ist geeignet, an jedem Versuch von Beginn an zu verzweifeln.

[291] So Thoma, Gleichheit, S. 457 ff.

[292] Leibholz, Gleichheit, S. 35.

[293] E 1, 16.

zügliche Problematik gegenstandslos geworden[294]. Der Gleichheitssatz ist eben dem allgemeinen Gesetzesbegriff wesensnotwendig immanent. Jede abstrakte Gesetzesnorm trägt die Gleichheit bereits in sich[295]. Nach einem argumentum a minore ad maius muß das um so mehr für die positiven Normen des Grundgesetzes und überhaupt für die gesamte „verfassungsmäßige Ordnung" gelten, die die Gesetzesordnung überhöht. Ist die Gesetzgebung gemäß Art. 20 Abs. 3 GG aber an die „verfassungsmäßige Ordnung" gebunden, dann auch an das ihr immanente Gleichheitsgebot. Es kann heute nur noch darum gehen, ob mit der Verpflichtung der Staatsfunktionen, also der Gesetzgebung, der Rechtsprechung und der Verwaltung, Art. 3 Abs. 1 GG zu beachten, ein „Recht" des einzelnen korrespondiert.

Unklarheit herrscht weiter über den Gleichheitsbegriff. Er kann verstanden werden im Sinne einer «égalité», einer mechanischen Gleichheit, oder einer verhältnismäßigen Gleichheit, umrissen etwa mit dem Begriff der «aequitas»[296]. Letztere Auffassung scheint im Vordringen begriffen und dürfte auch den Intentionen des Verfassungsgebers entsprechen. Abgesehen von dem mehrere Deutungsmöglichkeiten zulassenden Wortlaut mögen viele Meinungsverschiedenheiten ihren Grund in mangelnder Klarheit darüber haben, daß der Gleichheitssatz des Art. 3 Abs. 1 GG zweierlei enthält, nämlich einmal den Gleichheitsgrundsatz, der ein allgemeiner Rechtsgrundsatz ist und daher an dessen (vorstaatlicher) Geltungskraft teilnimmt[297], zum anderen bringt Art.3 Abs. 1 GG eine sogenannte verfassungsgestaltende Grundentscheidung[298] zum Ausdruck und steht insofern zur Disposition des Verfassungsgebers. Beide Komponenten des Art. 3 Abs. 1 GG sind scharf zu unterscheiden, wenn Mißdeutungen vermieden werden sollen[299].

Nach diesen Klarstellungen soll nun die eingangs gestellte Frage angegangen werden. Sie ist identisch mit der nach dem Grundrechtscharakter des Art. 3 Abs. 1 GG, da Grundrechte subjektiv-öffentliche Rechte enthalten sollen, aus denen Ansprüche des einzelnen gegen den Staat hergeleitet werden können.

Ein Grundrecht sehen in Art. 3 Abs. 1 GG v. Mangoldt-Klein[300]. Er garantiere einen status negativus libertatis gegen Beeinträchtigungen. Darüber hinaus wirke der Gleichheitssatz regulierend als Grundsatznorm

---

[294] Vgl. auch den Wortlaut des Art. 1 Abs. 3 GG.

[295] Thoma, System, S. 632, Ziff. 2.

Vgl. die Ausführungen Kaufmanns, a. a. O., S. 6: „Ein allgemeines Gesetz anwenden heißt gar nichts anderes, als es gleichmäßig anwenden. Wenn ein Gesetz nicht sinnlos sein soll, muß es gleiche und allgemeine Anwendung finden.

[296] Vgl. Triepel, a. a. O., S. 29.

[297] Wolff, Gedächtnisschrift, S. 33 f., (38).

[298] Bachof, Verfassungsnormen, S. 38 und 42.

[299] Zu den Unterscheidungskriterien Wolff, Gedächtnisschrift, S. 38, und Schmitt, Verfassungslehre, S. 277.

[300] a. a. O., Anm. 2, 5 zu Art. 3 GG.

für die gesamte Rechtsordnung[301] — sei es unterrangige Rechtssätze derogierend, sei es richtunggebend für die Träger öffentlicher Gewalt, insbesondere für den Gesetzgeber — und sei schließlich Auslegungsregel für außerverfassungsmäßiges Recht[302]. Wolff[303] will in Art. 3 Abs. 1 GG eine Rechtsquelle positiven Rechts sehen, und zwar sowohl bezüglich des Gleichheitsgrundsatzes als auch der in ihm enthaltenen verfassungsgestaltenden Grundentscheidung[304].

Voraussetzung für die Richtigkeit der Meinung Kleins und anderer, die wie er in Art. 3 Abs. 1 GG ein Grundrecht sehen, ist, daß Art. 3 Abs. 1 GG als subjektiv-öffentliches Recht anzusehen ist, dem Ansprüche gegen den Staat in seinen drei klassischen Funktionen zu entnehmen sind. Fehlt es aber an einem positivierbaren Gehalt in Richtung auf Ansprüche, so kann, ungeachtet der Feststellung des Art. 1 Abs. 3 GG, von einem Grundrecht im Sinne des heutigen Sprachgebrauchs nicht die Rede sein.

Art. 3 Abs. 1 GG wäre als subjektiv-öffentliches Recht ohne weiteres anzusehen, wenn er unmittelbar zumindest eine Anspruchsstellung konkret bestimmte, d. h. wenn der Anspruchsberechtigte auf diese Norm gestützt vom Anspruchsgegner — dem Staat — ein Tun oder Unterlassen verlangen könnte, wie es in § 194 BGB für das Zivilrecht festgelegt ist.

Dieser Annahme steht der eindeutige Wortlaut der Norm entgegen, der nur die lapidare Feststellung enthält: Alle Menschen sind vor dem Gesetz gleich.

Es fällt auf, daß überhaupt nicht angedeutet ist, was verlangt werden kann, wenn der Staat durch seine Behörden den Gleichheitssatz verletzt. Doch gilt auch hier, was bereits oben zu Art. 2 Abs. 1 GG ausgeführt wurde[305]. Eine staatliche Maßnahme, die Art. 3 Abs. 1 GG zuwiderläuft, widerspricht dem Recht. Sie ist rechtswidrig und daher von den Gerichten aufzuheben.

Weitaus größere Bedenken ergeben sich hinsichtlich der Frage nach dem geeigneten Obersatz[306].

Wenn es heißt: Alle Menschen sind vor dem Gesetz gleich, dann handelt es sich insoweit um eine Wortfassung, die so global ist, daß man aus ihr alles „herausholen" kann. Als Obersatz für das Schema richterlicher Rechtsanwendung im Sinne einer Subsumtion unter „actiones" ist sie denkbar ungeeignet.

---

[301] a. a. O., Anm. II, 6.

[302] a. a. O., Vorbem. A VI, 4 b.

[303] Gedächtnisschrift, S. 42.

[304] Als subjektiv-öffentliches Recht sehen Art. 3 Abs. 1 GG ferner an: Bachof, Klage, S. 93; Ipsen, Gleichheit, S. 126; Maunz, Staatsrecht, S. 103; Leibholz, Gleichheit, S. 115, 234, 242 ff.

[305] Vgl. die Ausführungen oben S. 57 ff.

[306] Zu den Anforderungen, die an einen für die Rechtsanwendung brauchbaren Obersatz zu stellen sind, vgl. die Ausführungen oben S. 57/58.

Eine wesentliche Ursache dieser Ungeeignetheit ist darin zu sehen, daß der Inhalt des Gleichheitssatzes trotz einer Vielzahl von Theorien[307] bis heute nicht befriedigend herausgearbeitet wurde. Insbesondere ist der wissenschaftliche Streit um die aus dem Begriff der Gleichheit möglicherweise fließenden Ge- oder Verbote noch immer mit unverminderter Heftigkeit im Gange. Hingegen haben sich die oberen Gerichte in ihrer Praxis weitgehend der von Leibholz[308] vertretenen Auffassung angeschlossen.

---

[307] Vgl. im einzelnen die folgenden Theorien, deren Aufzählung keineswegs den Anspruch erhebt, auch nur annähernd vollständig zu sein.

Apelt (a. a. O., S. 353 ff.) wendet sich gegen die Vorstellung, daß der Staatsbürger vor der Willkür des Gesetzgebers geschützt werden müßte. Er erkennt jedoch dessen Bindung an Art. 3 Abs. 1 GG an. Auf Grund dieser Bindung sei er aber nur verpflichtet, bei der Regelung der Tatbestände, die immer nur ähnlich, niemals aber gleich sein könnten, die gegenseitigen öffentlichen und individuellen Interessen „in möglichst gerechter Weise" abzuwägen. Das Gefährliche der Theorie Apelts liegt darin, daß diese Abwägung wesentlich auch von den politischen Grundhaltungen abhängen soll.

Kaufmann (a. a. O., S. 2—23) versteht den Gleichheitssatz als Gerechtigkeitsgebot. Unterscheidungen in Tatbestand und Rechtsfolgen müßten „vor höheren Gesichtspunkten des natürlichen Rechts bestehen können ... letztlich also gerecht sein" (a. a. O., S. 10). Den Inhalt der Gerechtigkeit, den er objektiv zu bestimmen sucht, könnten nur gute und gerechte Persönlichkeiten intuitiv erahnen oder im Gewissen erfahren. Auch hier wiederum scheitert die Theorie an mangelnder Praktikabilität; denn Rechtssätze, die nur zu „erahnen" sind, lassen sich in der rauhen Luft der Praxis nicht verwerten.

v. Mangoldt-Klein (a. a. O. zu Art. 3) kennen drei verschiedene Inhalte des Art. 3 Abs. 1 GG: den allgemeinen Gleichheitsgedanken, den Individualgleichheitsgedanken und den Gleichheitssatz in verschiedenen Erscheinungsformen. Sie setzen dann das Gleichheitsgebot mit dem Willkürverbot gleich, „in dem zugleich der Gedanke des materiellen Rechtsstaates zum Ausdruck komme". Dieser Gleichsetzung kann nicht gefolgt werden. Vgl. zu dieser Vereinfachung Wertenbruch, Grundgesetz, S. 126.

Nawiasky (a. a. O., S. 25—43) prägte die Lehre von der „persönlichen Rechtsgleichheit"; sie konnte sich ebenfalls nicht durchsetzen, weil sie auf eine „mechanische" Gleichheit hinausläuft, die es letztlich nicht gibt. Es können Dinge nicht als gleich bezeichnet werden, von denen nicht angegeben wird, in welcher Hinsicht (Relation) sie gleich sind. Anzuerkennen ist nur eine relative Gleichheit.

Schmitt (Unabhängigkeit, S. 22—24); für ihn hat der Gleichheitssatz mindestens die Bedeutung, daß er „Ausnahmegesetze" verbiete. Gleichheit setze für die Rechtsanwendung logischerweise eine Mehrheit voraus; wo nur einzelne oder mehrere einzelne getroffen werden sollten, könne man nicht mehr von Gleichheit sprechen. Er leitet also aus Art. 109 Abs. 1 WRV (heute entsprechend Art. 3 Abs. 1 GG) die Pflicht des Gesetzgebers her, solche Gesetze nicht zu erlassen. Das ist nicht haltbar. Art. 3 Abs. 1 GG verbietet beispielsweise nicht, in einem Gesetz — der lex Starhemberg — speziell über das Vermögen der Familie Starhemberg zu verfügen (vgl. Österr. VerfGH, Erk. Nr. 2701). Wohl aber läßt sich an ihm prüfen, ob diese Maßnahme mit dem Gleichheitssatz vereinbar ist.

[308] Gleichheit, passim.

Dabei ist nicht zu verkennen, daß dies wohl in erster Linie aus der Sorge um die Praktikabilität des Gleichheitssatzes geschehen ist.

Nach Leibholz[309] gebietet der Gleichheitssatz eine gleichmäßige Behandlung aller Menschen zunächst durch den Gesetzgeber in sachlicher und persönlicher Hinsicht. Ausgehend von dem aristotelischen Begriff der relativen Gleichheit, die im Verhältnis der Gemeinschaft zum einzelnen allein der Gerechtigkeit entsprechen soll, beschränkt er den Inhalt der Gleichheitsforderung des dem Art. 3 Abs. 1 GG entsprechenden Art. 109 WRV dann aber auf das Verbot der objektiv verstandenen Willkür[310] und definiert die Gleichheit vor dem Gesetz als die nach dem jeweiligen Rechtsbewußtsein nicht willkürliche Handhabung des an die Adresse von Rechtssubjekten gerichteten Rechts durch den Gesetzgeber und die Vollziehung (Justiz und Verwaltung)[311]. Die von Leibholz vorgenommene Unterscheidung zwischen einer Mißachtung der relativen Gleichheit (Gerechtigkeitsverletzung) und der Verletzung des Gleichheitssatzes durch einen Willkürakt läßt offenbar werden, daß diese für ihn quantitativer Art ist[312]. Ein ungleich behandelndes Gesetz sei nicht ohne weiteres willkürlich, sondern nur dann, wenn überhaupt kein oder ein völlig unzulänglicher innerer Zusammenhang bestehe zwischen der getroffenen Bestimmung und dem durch sie erstrebten Zweck[313]. Die Bestimmung müsse „offenbar unrichtig, völlig zweckwidrig, absolut ungeeignet" sein[314]. Aus dem bisher Gesagten wird verständlich, daß „nicht allgemeingültig festgelegt werden kann, was in einer bestimmten historischen Situation als willkürlich anzusprechen ist[315].

Eine gewisse Elastizität, die es erlaubt, alle praktisch werdenden Fälle einer befriedigenden Lösung zuzuführen, ist der Theorie Leibholz' nicht abzusprechen. Besonders bezüglich des subjektiv-öffentlichen Rechts auf fehlerfreien Ermessensgebrauch ließe sich möglicherweise mit Hilfe der Thesen Leibholz' die oben[316] geführte Argumentation leichter oder noch überzeugender stützen.

War dort der „Anspruch auf Gleichbehandlung" des Art. 3 Abs. 1 GG dahin bestimmt worden, daß er verbiete, in gleicher Lage befindliche Personen ungleich zu behandeln, so war damit sein Inhalt noch nicht hinreichend umrissen. Es fehlte insbesondere an Anhaltspunkten dafür, wann eine ungleiche Behandlung als vorliegend anzusehen ist. Die Ursache lag, wie unschwer zu erkennen ist, in der Unbestimmtheit des „Gleiheitsbe-

---

[309] Gleichheit, S. 45.

[310] Vgl. zu der in dieser Richtung liegenden Rechtsprechung des BVerfG Hamann, Willkür, S. 370.

[311] Leibholz, Gleichheit, S. 87.

[312] Er sucht sie mit Zweckmäßigkeitserwägungen zu rechtfertigen; vgl. Gleichheit, S. 77 ff.

[313] Leibholz, Gleichheit, S. 87.

[314] Derselbe, a. a. O., S. 82.

[315] Derselbe, a. a. O., S. 238 ff.

[316] Vgl. die Ausführungen oben S. 82 ff.

griffs". Diese Unklarheiten der Argumentation scheinen durch die Ausführungen Leibholz' beseitigt. Nach ihnen ist der „Anspruch auf Gleichbehandlung" verletzt, wenn Entscheidungen des Staates in seinen drei Gewalten — auch solche, die nach freiem Ermessen getroffen werden — „offenbar unrichtig, völlig zweckwidrig oder absolut ungeeignet" sind[317]. Solche Akte eines Hoheitsträges stellen sich nach Leibholz als Verstoß gegen das Willkürverbot dar. Sie sind rechtswidrig. Der „Anspruch auf Gleichbehandlung" wäre damit konkretisiert zu einem „Anspruch auf nicht-willkürliche Behandlung". Es ließe sich entsprechend den obigen Ausführungen als Anspruch auf fehlerfreien Ermessensgebrauch bezeichnen.

Versucht man nach Konkretisierung des Gleichheitssatzes zu einem Verbot willkürlicher Behandlung das oben entwickelte Schema richterlicher Rechtsanwendung entsprechend auszufüllen, so zeigt sich sehr schnell, daß diese Konkretisierung nur eine scheinbare ist.

In Wirklichkeit setzt Leibholz an die Stelle eines unbestimmten Gleichheitsbegriffes den ebenso unbestimmten Willkürbegriff. Auch er ist im Sinne von Ansprüchen nicht justiziabel[318]. Die Unterscheidung zwischen Ungerechtigkeit und Willkür bleibt auf Grund eines fehlenden qualitativen Kriteriums fließend, und mit Recht ist daher Leibholz der Vorwurf gemacht worden, der Rechtsunsicherheit Vorschub zu leisten[319]. Selbst das Bundesverfassungsgericht, nach dessen ständiger Rechtsprechung der Gleichheitssatz die Bedeutung eines Willkürverbotes und einer Unterbindung sachfremder Erwägungen hat, kommt mit dieser Formel Leibholz' nicht mehr aus. In einer Entscheidung[320] führte es den Begriff der „Chancengleichheit" ein.

Es zeigt sich, daß durch Einführung des Begriffs „Willkürverbot" eine Aufhellung des Gleichheitssatzes mit dem Ziel, einen geeigneten Obersatz zu finden, nicht gelungen ist.

Denkbar ist, daß es sich bei Art. 3 Abs. 1 GG um eine Norm im rein objektiven Sinne handelt, aus der die konkrete Anspruchsstellung wenigstens irgendwie extrahiert werden könnte. Doch auch an einer solchen Bestimmbarkeit fehlt es. Sie setzte voraus, daß die Elemente des Anspruchs wenigstens im Kern bereits in dem Rechtssatz enthalten sind. „Bestimmbarkeit" bedeutet nichts anderes als die Möglichkeit der Freilegung und sinnvollen Ordnung von Anspruchselementen zu einem Anspruch.

Aus alledem folgt, daß Art. 3 Abs. 1 GG schon auf Grund seiner Wortfassung nicht als subjektiv-öffentliches Recht angesehen werden kann.

---

[317] Leibholz, Gleichheit, S. 82.

[318] So im Ergebnis Hesse, a. a. O., S. 170 ff.; Ipsen, Gleichheit, S. 111 ff. (156).

[319] Ipsen, Gleichheit, S. 166, der von dem Verzicht auf berechenbare Justiziabilität spricht.

[320] BVerfGE 8, 51 ff.

Damit ist nichts darüber gesagt, ob aus dieser Norm gegebenenfalls — ebenso wie bei Art. 2 Abs. 1 GG — konkrete Rechtssätze abzuleiten sind, die sich als „Obersatz“ im Sinne der richterlichen Subsumtion eignen.

Neben den Bedenken hinsichtlich der uferlos weiten Wortfassung und der mangelnden inhaltlichen Präzision stehen noch andere der Annahme entgegen, Art. 3 Abs. 1 GG sei ein subjektiv-öffentliches Recht, das Ansprüche gewähre. Auf eines weist Wertenbruch[321] hin, wenn er die Frage stellt, ob nicht im Menschenrechts- oder Grundrechtsbegriff der Gleichheitssatz ohnehin, ganz ohne weitere Positivierung schon enthalten sei. Allen Menschen oder zumindest allen Deutschen ständen doch die gesetzlich umschriebenen Grundrechte zu. Er fragt, ob es über diese hoch qualifizierten Rechte hinaus noch eines besonderen Anspruchs auf Gleichbehandlung bedürfe. Damit ist die Frage gestellt, ob für die Anwendung eines subjektiv-öffentlichen Rechts auf Gleichbehandlung überhaupt noch Raum bleibt. Die Berechtigung der Bedenken zeigt die folgende praktische Überlegung: Jemand wird in dem Recht, sich gemäß Art. 17 GG einzeln oder in Gemeinschaft mit anderen schriftlich mit Bitten oder Beschwerden an die zuständigen Stellen und an die Volksvertretung zu wenden, verletzt, sei es, daß die mit der Petition angegangene staatliche Stelle die Annahme der Eingabe verweigert, sei es, daß sie ihn zu hindern sucht, überhaupt eine solche einzureichen. Dann kann sich der Petent nach der Lehre, die in Art. 3 Abs. 1 GG ein Grundrecht sieht, zur Wehr setzen, und zwar nicht nur unter Berufung auf Art. 17 GG, sondern eben auch auf Art. 3 Abs. 1 GG. Es wird nämlich sicher einmal einen Fall gegeben haben, wo sich die staatliche Stelle gegenüber einem Petenten mit demselben Anliegen anders verhalten hat. Eine Verletzung des Art. 3 Abs. 1 GG wäre nicht von der Hand zu weisen. Selbst wenn es, aller menschlichen Erfahrungen zuwider, keinen „gleichgelagerten“ Fall gegeben haben sollte, an dem die Verletzung dieser Norm gemessen werden könnte, wären durch die „Behauptung einer Verletzung“ die Rechtsprechungsorgane zunächst einmal mobilisiert und gehalten, sich mit dem vorgetragenen Sachverhalt materiell-rechtlich zu befassen. Doch kann er dies ja auch erreichen, wenn er sich auf eine Verletzung des Art. 17 GG beruft und der beurteilende Richter diese Norm und den Gesetzesbegriff seiner Entscheidung zugrundelegt.

Darüber hinaus ist mit der Einführung eines „Anspruchs auf Gleichbehandlung“ letztlich nur wenig gewonnen. Das läßt sich besonders klar an Hand der oben[322] gebrachten Beispiele aufzeigen. Dort wurde der Grund der Pflicht zur Gleichbehandlung in der gesetzlichen Verpflichtung der Behörde gesehen, die Bauerlaubnis zu erteilen. Das materielle Baurecht bestimmt nämlich, daß jeder Antragsteller — ohne Ausnahme — bei Vorliegen der Voraussetzungen einen Anspruch auf Erteilung der Bauerlaubnis hat. Unterschiede bei der Erteilung sind nicht vorgesehen;

[321] Grundgesetz, S. 96.
[322] Vgl. oben die Ausführungen S. 82/83 ff.

der Gleichheitssatz hat also bereits seinen Niederschlag gefunden. Darauf muß sich der abgelehnte Bewerber berufen, die Berufung wird auch Erfolg haben. Bei Anerkennung eines „subjektiv-öffentlichen Rechts auf Gleichbehandlung" würde sich hier nichts ändern.

Er müßte auch hier dartun, daß er ebenso wie der andere Baulustige die gesetzlichen Voraussetzungen für die Erteilung der Bauerlaubnis erfüllt hat und insofern dem anderen „gleich" ist.

Die Anerkennung eines subjektiv-öffentlichen Rechts auf Gleichbehandlung bedeutet nur einen Umweg in der Rechtsverfolgung. Es würde hier, wo der abgelehnte Bewerber den behördlichen Akt direkt unter Berufung auf Normen des Baurechts angreifen kann, noch ein „Anspruch" zwischengeschaltet, auf den es gar nicht ankommt, weil er die Rechtsposition des Antragstellers nicht verbessert, also überflüssig ist. Anders scheint die Lage bei dem zweiten angeführten Beispiel[323] zu sein, denn da fehlt es offensichtlich an Normen, die den eigentlichen Grund der Pflicht zur Gleichbehandlung angeben. Insofern müßte dann das „Recht auf Gleichbehandlung" in Ermangelung von Spezialgesetzen seinen Platz haben. Doch auch hier liegt der Fall im Ergebnis nicht anders als bei dem zuerst angeführten Beispiel.

Der erste Fehler der oben[324] geführten Argumentation liegt darin, daß in Wirklichkeit bei Anerkennung eines „Anspruchs auf Gleichbehandlung" das Ermessen der Verwaltungsbehörden ausgeräumt würde. Es bestünde dann kein Ermessensspielraum mehr, denn durch eine getroffene Entscheidung wäre die Behörde auf Grund dieses Anspruchs für immer gezwungen, alle späterhin auftretenden, gleichgelagerten Fälle „gleich" dem ersten zu entscheiden.

Weiter bedeutet es einen gedanklichen „Kurzschluß" anzunehmen, daß sich bei Bejahung eines „Anspruchs auf Gleichbehandlung" der Rückgriff auf das jeweilige Spezialgesetz erübrigte; denn was im speziellen Fall als „gleich" zu behandeln ist, ergibt sich auch hier aus diesem Gesetz. Anderenfalls hätte man ein „Vakuum" ohne konkrete Ausgestaltung vor sich[325]. Daß es aber nicht auf einen „Anspruch auf Gleichbehandlung", sondern auf die Erfüllung des jeweiligen speziellen Gesetzestatbestandes ankommt[326], wird von der herrschenden Lehre indirekt zugegeben. Nach ihr kann die Wiederholung begangener Fehler nicht verlangt werden[327]. Wenn es tatsächlich nur auf das „Recht auf Gleichbehandlung" ankäme, müßte dieses Verlangen als berechtigt anerkannt werden.

Nimmt man die einzelnen Bedenken zusammen, dann will es nicht recht einleuchten, warum Wissenschaft und Praxis so sehr bestrebt sind, Art. 3 Abs. 1 GG zu einem Anspruch auszugestalten.

---

[323] Vgl. oben die Ausführungen S. 82/83 ff.

[324] Vgl. die Ausführungen oben S. 83 ff.

[325] Jellinek, System, S. 97; a. M. Leibholz, Gleichheit, S. 118.

[326] Vgl. dazu auch OVA Freiburg in DRZ 50, 411.

[327] Ipsen, Gleichheit, S. 147, 148; Hamb. OVG in ZMR Bd. 5/6, S. 176; LVG Minden in VerwRspr. 4, 49.

Ein Grund dafür mag in dem allgemein zu beobachtenden Bestreben zu suchen sein, mit Hilfe des Gleichheitssatzes das Verwaltungsermessen zunichte zu machen in dem irrigen Glauben, auf diese Weise den „lückenlosen Rechtsschutz" zu verwirklichen.

Dem ist entgegenzuhalten, daß der Gesetzgeber Ermessensnormen beibehält und ständig neue schafft, es also nicht seinen Intentionen entspricht, die Ermessenstätigkeit der Behörden zu unterbinden. Der Gleichheitssatz muß also auf dem Ermessenssektor insoweit zurücktreten, als dadurch die Möglichkeit für die Behörde eingeschränkt oder gar beseitigt wird, nach pflichtgemäßem, gesetzlich eingeräumtem Ermessen zu handeln.

Ein weiterer Grund liegt in dem „Trend", spezialgesetzliche Regelungen möglichst zu umgehen und mit höherrangigen Normen leichter und schneller zum Erfolg zu kommen. Diese Situation läßt sich am besten umschreiben mit dem Schlagwort von der „Flucht in die Generalklauseln" (Hedemann).

Es hat heute mit teilweise verändertem Inhalt wieder eine überraschende Aktualität gewonnen. In dem Bestreben, dem Bürger Schutz gegen einen übermächtig erscheinenden Staatsapparat zu gewähren, sucht man nach dafür geeigneten Möglichkeiten. Es werden neue Rechtsinstitute eingeführt, z. B. das subjektiv-öffentliche Recht auf fehlerfreien Ermessensgebrauch, für die es dann eine materiell-rechtliche Grundlage zu finden gilt. Es bieten sich Generalklauseln ähnelnde Normen an, die allein wegen ihrer weiten und zum Teil sprachlich unbestimmten Fassung zu dem Zweck besonders geeignet erscheinen. Scheinbar mühelos lassen sich die neuen Rechtsinstitute darunter fassen. Vorliegend wurde in Ermangelung einer spezialgesetzlichen Ermächtigung der Rückgriff auf Art. 3 Abs. 1 GG gewagt, und je nachdem, welchen Ausgangspunkt man bei der Argumentation nimmt, nicht ohne Erfolg. Dabei übersieht man grundlegend, daß damit eine Einbruchstelle geschaffen ist, von der aus das gesamte Rechtssystem aus den Angeln gehoben werden kann. Spezialnormen werden sinnlos, wenn sie durch einen Rückgriff auf unbestimmte Generalnormen leicht zu umgehen sind.

Es wird weiter zu wenig gesehen, daß dem Bürger Schutz nicht nur da gewährt wird, wo „Ansprüche" vorhanden sind. Offensichtlich setzt man in die objektive Rechtsordung zu wenig Vertrauen. Gerade durch sie ist aber um den einzelnen ein Schutzwall errichtet, der ihn gegen Eingriffe des Staates umfassend schützt, zugleich aber der Verwaltung ihre Funktion beläßt, nämlich das „Verwalten" im Rahmen der Gesetze.

Aus all den genannten Gründen folgt, daß Art. 3 Abs. 1 GG kein Grundrecht im Sinne der obigen Definition enthält, also auch kein subjektiv-öffentliches Recht gewährt und daher auch als materiell-rechtliche Grundlage des subjektiv-öffentlichen Rechts auf fehlerfreien Ermessensgebrauch ausscheidet. Dieses Ergebnis ist, soweit es den Grundrechtscharakter des Art. 3 Abs. 1 GG betrifft, keineswegs so „neu", wie es auf den ersten Blick erscheinen mag. Es klingt bereits, worauf Wertenbruch[328] hinweist, in vorsichtigen Formulierungen der Wissenschaft und Rechtsprechung an, spricht man doch vom „allgemeinen Gleichheitssatz", vom „Gleichheitsgrundsatz"[329], von einem in Art. 3 Abs. 1 GG ruhenden „überpositiven Rechtsgrundsatz[330], um damit anzudeuten, daß in Art. 3 Abs. 1 GG eben mehr „drinsteckt" als ein Grundrecht im traditionellen Sinne. Gleichzeitig jedoch gibt man auf die Weise zu erkennen, daß „die Problematik der Einpaßbarkeit des Gleichheitssatzes in den engeren Katalog der Grundrechte keineswegs verkannt wird"[331]. Ferner wird aus solchen Formulierungen das Suchen nach neuen Wegen offenbar, um der veränderten verfassungsrechtlichen Situation gerecht werden zu können. Wenn der längst fällige Schritt auf diesem Gebiet noch nicht vollzogen wurde, so liegt die Ursache dafür in der Furcht, durch eine neue Einordnung des Art. 3 Abs. 1 GG in das System der Grundrechtsnormen die Auffassung vom Grundrechtscharakter des Art. 3 Abs. 1 GG aufgeben zu müssen und so eine mehr als zweifelhafte „Praktikabilität" für die Anwendung zugunsten des durch ‚ungleiche' Behandlung Betroffenen zu verlieren.

Es handelt sich bei Art. 3 Abs. 1 GG m. E. um eine objektive Verfassungsnorm, der wegen ihrer elementaren Bedeutung für das Grundgesetz und darüber hinaus für die gesamte Staatsordnung der Charakter eines Leitsatzes zukommt[332]. Unter Leitsätzen sind solche Verfassungsnormen zu versehen, die als Obernormen mit ihren Aussagen andere Vorschriften prägen. Daß Art. 3 Abs. 1 GG diese Eigenschaft besitzt, beweisen besonders die Vorschriften der Art. 6 Abs. 5, 9 Abs. 3, 28 Abs. 1, 33 Abs. 1, 2 und 3 in Verbindung mit Art. 140, 38 Abs. 1, 101 Abs. 1 und 103 Abs. 1 GG. Ihre Verbindung mit Art. 3 Abs. 1 GG ist nicht zu leugnen. Darüber hinaus besteht die Funktion der Leitsätze darin, daß an ihnen die anderen Normen durch Auslegung auszurichten sind. Insofern ist Art. 3 Abs. 1 GG äußerst „praktikabel". So wird beispielsweise der Richter anzuwendende Ermessensnormen auf ihre Vereinbarkeit mit Art. 3 Abs. 1 GG zu überprüfen haben, ohne daß er allein mit Hilfe dieser Vorschrift entscheiden könnte, ob im Einzelfall ein Ermessensfehler vorliegt.

Allein die Qualifizierung des Art. 3 Abs. 1 GG als Leitsatz wird seiner überragenden Bedeutung für die gesamte Rechtsordnung gerecht.

Für die Existenz eines subjektiv-öffentlichen Rechts auf fehlerfreien Ermessensgebrauch ergibt Art. 3 Abs. 1 GG jedoch nichts.

b) Das „Petitionsrecht" des Art. 17 GG

Als materiell-rechtliche Grundlage eines subjektiv-öffentlichen Rechts auf fehlerfreien Ermessensgebrauch könnte sich auch das Petitionsrecht an-

---

328 Grundgesetz, S. 96.
329 BVerfGE 1, 14 (52).
330 BVerfGE 1, 208 (233).
331 Wertenbruch, Grundgesetz, S. 96.
332 Wertenbruch, Grundgesetz, S. 96 ff. (97).

bieten, das heute in Art. 17 GG seine normative Ausprägung erfahren hat. Seine Heranziehung könnte sich um so mehr rechtfertigen, als das Petitionsrecht gegenüber seiner Bedeutung in der Weimarer Reichsverfassung (Art. 126) unter den tragenden Gedanken und Leitsätzen des Grundgesetzes eine Wandlung im Sinne einer stärkeren Stoßkraft durchgemacht zu haben scheint. Es entspricht den Intentionen des „Rechtswegstaates“, wie Jahrreiß[333] die Bundesrepublik bezeichnet, dem Bürger nicht nur letztlich den Gerichtsweg zu eröffnen, wenn er sich durch die öffentliche Gewalt verletzt fühlt (Art. 19 Abs. 4 GG), sondern ihm vor dem Ergreifen der letzten Möglichkeit oder daneben auch andere traditionelle Rechtsbehelfe (Dienstaufsichtbeschwerde) zur Verfügung zu stellen, um die Behörden auf eventuelle Rechtswidrigkeiten in ihrem Tätigkeitsbereich hinzuweisen, und zwar mit der Folge und dem Erfolg, daß den Hinweisen auch Beachtung zuteil wird und sie bei berechtigten Beanstandungen zur Beseitigung des rechtswidrigen Zustandes führen[334].

Der Versuch, eine gedankliche Brücke vom Petitionsrecht zu dem spezifisch verwaltungsrechtlichen Institut der vorliegenden Untersuchung zu schlagen, scheint auf den ersten Blick befremdlich und begegnet starken Bedenken. Doch ließe sich etwa wie folgt argumentieren: Art. 17 GG gewährt jedermann das Recht, sich einzeln oder in Gemeinschaft mit anderen schriftlich mit Bitten oder Beschwerden an die zuständigen Stellen und die Volksvertretung zu wenden. Hinsichtlich der Stärke und des Umfangs dieses „Rechts“ sind im Grundgesetz keine Anhaltspunkte auffindbar. Mit Rücksicht auf die Bestrebungen, die Stellung des einzelnen gegenüber dem Hoheitsträger zu verstärken, wird man den Begriff des Petitionsrechts möglichst so auszulegen haben, daß diese Stärkung auch eintritt, d. h. er wird weit zu interpretieren sein. Geht man hiervon aus, dann schließt jenes Recht auch den Anspruch gegen die angegangene Stelle ein, von ihr ein bestimmtes Handeln zu verlangen, nämlich auf Entgegennahme und sachgemäße Erledigung der Petition. Der nächste Schritt wäre dann, konsequenterweise auch den Begriff der „sachgemäßen Erledigung durch die zuständige Stelle“ weit auszulegen und darunter zu verstehen, daß die zuständige Stelle, d. h. die Stelle, die nach der allgemeinen Zuständigkeitsordnung zum Erlaß des betreffenden Hoheitsaktes berufen ist, den Fall noch einmal aufrollt, prüft und gegebenenfalls eine neue Entscheidung unter Aufhebung der beanstandeten trifft, bzw. die einmal ergangene ausdrücklich bestätigt.

Mühelos ließe sich der Anspruch auf fehlerfreien Ermessensgebrauch darunter fassen. Die Parallele und die Gemeinsamkeiten sind nicht von der Hand zu weisen. An einem Beispiel wird das besonders deutlich.

Der Antrag eines Bürgers auf Erteilung einer in das Ermessen der Behörde gestellten Erlaubnis wurde abgelehnt. Ermessensfehler sind nicht vorgekommen, also auch nicht nachzuweisen. Der Bürger vermißt in dem

---

[333] a. a. O., S. 33.

[334] Vgl. dazu die Gedankengänge Bachofs, Klage, S. 75 ff.

ablehnenden Bescheid ein Eingehen der Behörde auf die von ihm geltend gemachten und vorgebrachten Begründungen. Was er erreichen möchte, ist klar. Die Behörde soll die von ihm angeführten Ermessensgesichtspunkte prüfen und ihm das Ergebnis der Prüfung mitteilen, damit er danach entscheiden kann, ob ein Verwaltungsrechtsstreit auch Aussicht auf Erfolg verspricht. Nach den hier vorgetragenen Gedankengängen könnte das Ergebnis auf zwei Wegen erreicht werden: Er könnte einmal behaupten, in seinem subjektiv-öffentlichen Recht auf fehlerfreien Ermessensgebrauch verletzt zu sein, denn der Bescheid ist zu unbestimmt, um an ihm feststellen zu können, ob wirklich ermessensfehlerfrei entschieden worden ist. Dabei ergäbe sich dann allerdings wieder die bis jetzt ungeklärte Frage nach der materiell-rechtlichen Grundlage des Anspruchs. Der Bürger könnte zum anderen bei weiter Auslegung des Art. 17 GG mit dem Petitionsrecht eine weitere Äußerung der Behörde zu erlangen suchen. Beide Ansprüche sind auf das gleiche Ziel gerichtet: Nochmalige Überprüfung der Entscheidung. Gemeinsam ist dem Petitionsrecht und dem subjektiv-öffentlichen Recht auf fehlerfreien Ermessensgebrauch, daß sie beide nicht auf eine bestimmte Entscheidung gerichtet sind, sondern nur auf eine behördliche Verhaltensweise, auf ein Tätigwerden schlechthin. Diese Übereinstimmung rechtfertigte dann die Einordnung des Anspruchs auf fehlerfreien Ermessensgebrauch als Spezialfall unter das Petitionsrecht des Art. 17 GG als Recht gegen die zuständige Stelle auf sachgemäße Erledigung. Art. 17 GG wäre dann als materiell-rechtliche Grundlage des Untersuchungsgegenstandes anzusehen.

Ohne im einzelnen auf die Streitfragen einzugehen, die mit dem Petitionsrecht im Zusamenhang stehen — etwa, ob es überhaupt ein Recht zur Petition gibt, ob ein Recht auf Bescheid besteht und wie weit dieses gegebenenfalls reicht —, kann gesagt werden, daß dem vorstehenden Argumentationsversuch folgende Bedenken entgegenstehen.

Es hieße das Petitionsrecht überspannen, wollte man es als ein „Recht" verstehen, mit dessen Hilfe Verwaltungsverfahren nochmals überprüft oder gar abgeschlossene wieder in Gang gesetzt werden können[335]. Es bleibt insoweit inhaltlich hinter dem Untersuchungsgegenstand zurück, der gerade darauf gerichtet ist, die Verwaltung zu objektiv fehlerfreiem Handeln zu veranlassen bzw. eventuelle Fehler zu korrigieren.

Eine analoge Anwendung des aus Art. 17 GG fließenden Anspruchs kommt nicht in Frage, weil es an einer hinlänglichen Rechtsähnlichkeit fehlt, die unerläßliche Voraussetzung einer Analogie ist. Petitionsrecht und subjektiv-öffentliches Recht auf fehlerfreien Ermessensgebrauch sind in ihrer Struktur völlig verschieden. Das erste schützt die Möglichkeit des einzelnen, sich an die jeweiligen staatlichen Stellen ungehindert zu wenden. Deren Antwort, der im Normalfall eine Überprüfung der beanstandeten Vorgänge vorausgehen wird, ist nur eine, nicht die wichtigste

---

[335] Daß im Einzelfall eine Petition dazu führen kann, steht nicht entgegen; jedenfalls besteht kein „Recht" darauf.

Folgewirkung der Beschwerde. Beim Gegenstand der Untersuchung verhält es sich genau umgekehrt. Hier kommt es nicht darauf an, dem einzelnen Bürger das Recht einzuräumen, sich an die Behörden wenden zu dürfen. Vielmehr will er eine fehlerfreie Entscheidung erreichen, d. h. wesentlich ist die nochmalige gerichtliche Überprüfung des vorgetragenen Sachverhalts auf eventuelle Ermessensfehler.

Schließlich würde eine weite Auslegung des Art. 17 GG, die es allein ermöglichte, das subjektiv-öffentliche Recht auf fehlerfreien Ermessensgebrauch darunter zu fassen, zu rechtspolitisch unhaltbaren Ergebnissen führen. Auf diese Weise würde das gesamte System des Rechtsschutzes aus den Angeln gehoben. Es wäre nämlich ein neues Rechtsmittel geschaffen, das in Ermangelung besonders erschwerender Kautelen wie z. B. Rechtsschutzinteresse, Fristen, Formen usw. viel leichter zum Ziele führte als die traditionellen Rechtsmittel des Einspruchs, der Beschwerde oder der Klage.

c) Das „Recht auf Justizgewährung" des Art. 19 Abs. 4 GG

Schließlich bleibt Art. 19 Abs. 4 GG für den Versuch, die Existenz des subjektiv-öffentlichen Rechts auf fehlerfreien Ermessensgebrauch aus einer Verfassungsnorm zu entnehmen. Bei Art. 19 Abs. 4 GG handelt es sich um eine Vorschrift, die unbestritten eine verfassungsgestaltende Grundentscheidung[336] enthält und mit Recht ob ihrer Bedeutung und ihres Ranges gefeiert wird[337]. Wertenbruch[338] meint nicht ohne Ironie, der „formale" Rechtsstaat finde mit vornehmlichem oder gar ausschließlichem Bezug auf die vollziehende Gewalt seinen für die Wahrung der Rechtssphäre des Bürgers wohl bedeutsamsten Niederschlag in Art. 19 Abs. 4 GG. Die hervorragende Bedeutung für die Bewahrung der Rechtssphäre des einzelnen läßt die Norm für den mit dieser Untersuchung verfolgten Zweck besonders geeignet erscheinen. Dabei ist noch von Vorteil, daß sie von Literatur und Rechtsprechung äußerst extensiv ausgelegt wird, um den in ihr ruhenden Rechtsschutzgedanken möglichst weitgehend zu verwirklichen[339].

Von dieser Eignung scheint auch Dersch[340] auszugehen, wenn er meint, man könne auch aus Art. 19 Abs. 4 GG (!) und 23 Abs. 1 MRVO 165 sowie § 35 VGG sogar ein subjektiv-öffentliches Recht im strengen Sinne darauf ableiten, daß die Behörden innerhalb der Grenzen des freien Ermessens tätig würden. Leider bleibt er die Begründung für seine Behauptung schuldig, so daß versucht werden muß, mit eigenen Gedanken zu diesem Ergebnis zu kommen.

---

[336] Wolff, Gedächtnisschrift, S. 47 ff.

[337] Vgl. die Zusammenstellung der Zitate bei Maunz-Dürig, a. a. O. zu Art. 19 Abs. 4 GG, Anm. I, a).

[338] Grundgesetz, S. 50.

[339] Vgl. v. Mangoldt-Klein, a. a. O. zu Art. 19, Anm. 7.

[340] a. a. O., S. 301 ff. (303).

Für den Versuch, das subjektiv-öffentliche Recht auf fehlerfreien Ermessensgebrauch unmittelbar aus Art. 19 Abs. 4 GG herzuleiten, könnte man folgende Überlegung anstellen: Der Gesetzgeber wollte den Rechtsschutz des einzelnen gewaltunterworfenen Bürgers möglichst vollkommen ausgestalten. Da es im Jahre 1949, der Zeit der Schaffung des Grundgesetzes, noch viele Bereiche gab, die von der gerichtlichen Kontrollmöglichkeit ausgenommen waren — man denke etwa an das große Gebiet des Anstaltsrechts —, hätte es großer, kaum zu bewältigender Anstrengungen bedurft, um sie alle dem gerichtlichen Rechtsschutz zu unterstellen. Die Gefahr, etwas zu übersehen, wäre bei einem solchen kasuistischen Vorgehen nicht auszuschließen gewesen. Sie ließ sich nur beseitigen durch Einführung einer Generalklausel, die mindestens letztlich den Rechtsweg zu den ordentlichen Gerichten in allen Fällen hoheitlichen Handelns eröffnet.

Bislang war das Handeln der Organe öffentlicher Gewalt, solange es sich in den dem Ermessen gesetzten Grenzen hielt, von der gerichtlichen Nachprüfungsmöglichkeit ausgenommen. Nach Einführung des Art. 19 Abs. 4 GG gibt es einen solchen „justizfreien" Raum nicht mehr. Heute hat der Bürger ausnahmslos die Möglichkeit — ja, das „Recht" —, die Gerichte anzurufen, wenn er sich „in seinen Rechten" verletzt fühlt. Er kann nachprüfen lassen, ob tatsächlich eine Verletzung vorliegt.

Da auf dem Ermessensgebiet eine Rechtsverletzung nur im Falle des Vorliegens eines Ermessensfehlers anzunehmen ist, kann Art. 19 Abs. 4 GG insoweit nur das Recht einräumen nachzuprüfen, ob ermessensfehlerfrei entschieden ist.

An diesem Punkt muß die ohnehin gewagte Argumentation scheitern. Der nächste — entscheidende — Schritt läßt sich nicht vollziehen. Es gelingt nicht, die Brücke zu schlagen von dem „Recht" auf Nachprüfung der Frage, ob ermessensfehlerfrei entschieden ist, zu dem „Recht" darauf, daß ermessensfehlerfrei entschieden werde. Das letztere ist das begrifflich weitergehende „Recht".

Aber selbst wenn man von dem unüberbrückbaren Unterschied der beiden „Rechte" absehen und ihre Identität bejahen würde, man also gegen die Grundsätze logischer Deduktion sagte, daß das „Recht" auf Nachprüfung auch das Recht auf ermessensfehlerfreie Entscheidung umfasse, müßte Art. 19 Abs. 4 GG als Anspruchsgrundlage für ein Recht auf fehlerfreien Ermessensgebrauch ausscheiden.

Auch Art. 19 Abs. 4 GG enhält nämlich kein „Recht" im Sinne eines subjektiv-öffentlichen Rechts.

Ein Anhaltspunkt für die Richtigkeit dieser Behauptung bietet bereits die Wortinterpretation der Norm.

Es fällt auf, daß in Art. 19 Abs. 4 GG der Rechtsweg bei Verletzung der Rechte des einzelnen durch die öffentliche Gewalt eröffnet ist; d. h. Art. 19 Abs. 4 GG geht von bereits bestehenden Rechten aus und weist auf die rechtlichen Schutzmöglichkeiten im Falle der Verletzung hin. An einem Beispiel: Durch Art. 19 würde nach dem Wortlaut allenfalls die gerichtliche Durchsetzbarkeit eines an anderer Stelle normierten subjektiv-öffentlichen Rechts auf fehlerfreien Ermessensgebrauch garantiert. Das Recht selbst gewährt Art. 19 Abs. 4 GG ebensowenig wie z. B. die §§ 23, 24 MRVO 165 oder § 114 VwGO!

Demgegenüber sieht eine weit verbreitete Meinung[341] in Art. 19 Abs. 4 GG ein sogenanntes „formelles"[342] Grundrecht[343], dem ein subjektiv-öffentliches Recht auf Justizgewährung[344] entnommen werden soll. So meint Bachof[345], Art. 19 verlange nicht mehr ein außerhalb seiner selbst begründetes subjektives Recht, sondern verleihe seinerseits überall dort, wo eine der Befriedigung von Individualinteressen dienende Rechtsnorm ein bestimmtes Verhalten der öffentlichen Gewalt verlange, den Interessenten die bisher fehlende Willensmacht zur Herbeiführung dieses Verhaltens und räume damit ein subjektiv-öffentliches Recht ein[346].

Der herrschenden Meinung kann nicht gefolgt werden. Abgesehen davon, daß dem Wortlaut eher etwas gegen als für die Anerkennung eines subjektiv-öffentlichen Rechts zu entnehmen ist, widerspricht sie der ratio constitutionis. Es kann dem Verfassungsgesetzgeber nicht unterstellt werden, ihm sei der Streit um die Anerkennung der Grundrechte als subjektiv-öffentliche Rechte, der während der Weimarer Zeit herrschte, bei Schaffung des Grundgesetzes unbekannt gewesen. Ihm mußte nach den Erfahrungen des letzten Jahrzehnts daran gelegen sein, die Grundrechte des einzelnen dadurch stärker herauszustellen, daß er sie mit der gerichtlichen Durchsetzungsmöglichkeit ausstattete. Die Sorge, die ihre Ursache

---

[341] Vgl. Dürig in Maunz-Dürig, a. a. O. zu Art. 19 Abs. 4 GG, Randnummer 2 mit weiteren Nachweisen.

[342] Zu dieser Terminologie vgl. zunächst die Ausführungen oben S. 71. Das Mißliche der Bezeichnung wird besonders deutlich an dem von Bachof (Klage, S. 70) angeführten Beispiel: In einem Anfechtungsklageverfahren, das gegen einen Führerscheinentzug gerichtet ist, kann das Recht auf Akteneinsicht im Verhältnis zu dem mit diesem Verfahren verfolgten Interesse (der Nichtentziehung des Führerscheins) als „formelles" bezeichnet werden. Andererseits gibt es den Anspruch des Beamten auf Einsicht in seine Personalakten; dabei ist die Akteneinsicht selbst das geltend gemachte materielle Interesse, der darauf gerichtete Anspruch mithin ein „materielles" subjektiv-öffentliches Recht.

Es nimmt nicht wunder, daß Bachof selbst zugibt, die Unterscheidung sei nicht grundsätzlicher Art, möge aber im Interesse der Verdeutlichung des verschiedenen Umfangs der einzelnen subjektiv-öffentlichen Rechte beibehalten werden. Eine solche „Verdeutlichung" ist aber mehr als fraglich.

[343] Klein, Tragweite, S. 67 ff., auf dessen Prägung des Begriffs eines formellen im Gegensatz zu einem materiellen Hauptgrundrecht diese Meinungen in der Hauptsache fußen, hat seine Auffassung später (vgl. v. Mangoldt-Klein, a. a. O., S. 147, Fußn. 2) „nach nochmaligem Durchdenken des ganzen Problems" wieder aufgegeben. Er sieht heute in Art. 19 Abs. 4 GG eine Grundsatznorm für die gesamte Rechtsordnung.

[344] Dürig in Maunz-Dürig, a. a. O. zu Art. 19 Abs. 4 GG, Anm. I 1 b a. E.

[345] Klage, S. 84/85.

[346] Dagegen v. Turegg, Generalklausel, S. 33/34, Anm. 13.

haben mag in dem Streit um die Frage und die Befürchtung, man könne auch während der Geltung des Grundgesetzes die den Grundrechten des einzelnen anhaftende Klagbarkeit wieder in Zweifel ziehen, haben ihn dazu veranlaßt, dieses Essentiale noch einmal in der Verfassungsurkunde selbst zu verankern. Damit sollen für die Zukunft alle eventuell auftauchenden diesbezüglichen Bedenken von vornherein beseitigt werden. In der prozessualen Sicherung der Rechte des einzelnen ist die entscheidende Bedeutung des Art. 19 Abs. 4 GG zu sehen. Es handelt sich um ein ausdrückliches Bekenntnis zum „Rechtswegstaat".

Für eine andere Betrachtung des Art. 19 Abs. 4 GG besteht weder Anlaß noch Bedürfnis. Insbesondere bleibt kein Anwendungsbereich für ein „formelles", aus Art. 19 Abs. 4 GG fließendes Grundrecht auf „Justizgewährung"; denn Art. 19 Abs. 4 GG normiert etwas, was den Grundrechten bereits eigen ist. Es kann zur Zeit nicht ernsthaft bestritten werden, daß zum Grundrechtsbegriff wesentlich die Einklagbarkeit der aus ihm fließenden Ansprüche gehört. Grundrecht und gerichtliche Durchsetzungsmöglichkeit sind nicht voneinander zu trennen. Was sollte sonst der einzelne mit den ihm verbrieften Grundrechten anfangen, wenn er sie nicht gegebenenfalls mit gerichtlicher Hilfe durchsetzen könnte[347]. Sie blieben leere Deklaration und würden zu seinem Schutz nur wenig oder gar nicht taugen.

Der Einwand, mit dem Begriff „Rechte" in Art. 19 Abs. 4 GG seien nicht nur Grundrechte gemeint und für die anderen Rechte bedürfe es zur Erzwingung ihrer gerichtlichen Durchsetzbarkeit dieser Norm, vermag zu keinem anderen Ergebnis zu führen.

Zwar ist richtig, daß Art. 19 Abs. 4 GG auch die prozessuale Durchsetzbarkeit sonstiger Rechte und schutzwerter Positionen umfaßt, aber Art. 19 Abs. 4 GG konzipiert solche Rechtsstellungen nicht, sondern besagt lediglich, daß der Rechtsweg für alle durch materielle Normen für schutzwert erklärte Interessen zur Verfügung steht.

Soweit versucht wird, die rechtlich geschützten Interessen und Rechtsreflexe materiell unter Art. 19 Abs. 4 GG zu fassen, muß dem widersprochen werden. Als ein solcher Versuch sind die oben[348] wiedergegebenen Äußerungen Bachofs zu werten, wenn er davon spricht, Art. 19 Abs. 4 GG verleihe die fehlende Willensmacht zur Herbeiführung eines bestimmten Verhaltens der öffentlichen Gewalt und räume damit subjektiv-öffentliche Rechte ein. Seine Auffassung bedeutet letztlich, daß auf Grund des Art. 19 Abs. 4 GG alle rechtlich geschützten Interessen sowie die Rechtsreflexe, denen als wesentliche Besonderheit die Klagbarkeit fehlt, zumindest im Ergebnis zu durchsetzbaren subjektiv-öffentlichen Rechten geworden wären. Damit wäre Art. 19 Abs. 4 GG zur Einbruchstelle geworden, von der aus das gesamte objektive Rechtssystem in Anspruchsbeziehungen aufgelöst würde. Hier tut sich eine Gefahr auf, vor deren Folgen aus-

---

[347] Vgl. auch Wertenbruch, Grundgesetz, S. 116, 117.
[348] Vgl. die Ausführungen S. 98.

drücklich zu warnen ist. Es kann nicht Wille des Verfassungsgesetzgebers gewesen sein, den Staat über Art. 19 Abs. 4 GG einer unübersehbaren Flut von Ansprüchen auszusetzen.

Die Auffassung, daß Art. 19 Abs. 4 GG kein Grundrecht enthält, wird zudem bestätigt durch die Anwendung des oben[349] entwickelten Schemas richterlicher Rechtsanwendung. Auf den ersten Blick scheint es so, als ließe sich gerade Art. 19 Abs. 4 GG ohne Schwierigkeiten in dieses einpassen und zwar mit der Folge, daß z. B. ein Anspruch auf fehlerfreien Ermessensgebrauch anzunehmen wäre. Aus dem Obersatz, bei Rechtsverletzungen durch die öffentliche Gewalt ist in Ermangelung eines anderen Rechtsweges der ordentliche gegeben, und dem Untersatz, jemand ist in seinen Rechten verletzt worden, folgt aber höchstfalls der Schluß: Also steht diesem „jemand" mindestens der ordentliche Rechtsweg offen, wenn kein anderer Rechtsweg normiert ist. Es kann nun dahinstehen, ob man hieraus den Schluß ziehen will, es gebe einen „Anspruch auf den Rechtsweg". Wäre das zu bejahen, so wäre das gesetzlich für kompetent erklärte Gericht oder — subsidiär — das zuständige ordentliche Gericht lediglich verpflichtet, sich der Sache a n z u n e h m e n. Danach aber wird der Richter die Frage stellen: quae sit actio? Ein normierter Anspruch auf fehlerfreien Ermessensgebrauch ergibt sich jedoch nicht.

§ 7
Abschließende Erwägungen

Die vorstehend gemachten Ausführungen zeigen, daß das subjektiv-öffentliche Recht auf fehlerfreien Ermessensgebrauch keine Anerkennung finden kann.

Zunächst ist es in der geltenden Rechtsordnung ohne positiv-rechtliche Grundlage. Auch allgemeine Grundsätze, aus denen es nach den Prinzipien der Logik abgeleitet werden könnte, sind nicht ersichtlich. Da aber die Existenz eines jeden subjektiv-öffentlichen Rechts von einer im materiellen Recht wurzelnden Grundlage abhängen muß, eine solche jedoch fehlt, ist es de lege lata nicht möglich, ein subjektiv-öffentliches Recht auf fehlerfreien Ermessensgebrauch anzuerkennen.

Aber auch de lege ferenda stehen seiner Einführung Bedenken entgegen.

Ein subjektiv-öffentliches Recht auf fehlerfreien Ermessensgebrauch beschränkte mindestens indirekt die Verwaltungstätigkeit. Die Gerichte würden nämlich sehr bald das vom einzelnen her subjektivierte Ermessen immer enger fassen und die Verwaltung zum Erlahmen bringen, weil diese ihrer gestaltenden Funktion „im R a h m e n von Gesetz und Recht" beraubt wäre.

Entscheidend spricht gegen die Einführung eines subjektiv-öffentlichen Rechts auf fehlerfreien Ermessensgebrauch das fehlende Bedürfnis. Durch

[349] Vgl. die Ausführungen S. 54.

die verwaltungsgerichtlichen Generalklauseln und die Rechtsweggarantie des Art. 19 Abs. 4 GG ist der einzelne hinreichend geschützt, wenn der Staat in seine „Rechte" (im weitesten Sinne) eingreift. Bereits die Behauptung der Beeinträchtigung der „Rechtssphäre" genügt, um eine gerichtliche Überprüfung der ergangenen Verwaltungsakte zu erreichen. Dabei ist nicht zu übersehen, daß der Hoheitsträger auch nach Art. 20 Abs. 3 GG bei der Ausübung seiner Tätigkeit an Gesetz und Recht gebunden ist. Die Wahrung der objektiven Rechtsordnung dient immer mittelbar dem Schutz eines jeden einzelnen.

Ein größerer und umfassenderer Schutz des Bürgers ist kaum denkbar. Er ist so groß und umfassend, daß von verschiedenen Seiten bereits negative Auswirkungen auf den Rechtsstaat befürchtet werden; insbesondere werden die Generalklauseln, die vor nicht allzulanger Zeit als Vollendung und Krönung des Rechtsschutzes des einzelnen gegen einen übermächtig scheinenden „Leviathan" Staat gefeiert wurden, heute von verschiedenen Seiten kritisch beurteilt. So meint Meyer-Hentschel[350], die heutige Lage der Verwaltungsgerichtsbarkeit sei durch eine geradezu beängstigende Erweiterung des von der Verwaltungsrechtsprechung erfaßten Raumes der öffentlichen Gewalt gekennzeichnet. Zorn[351] macht sogar den Vorschlag, die Generalklauseln wieder abzuschaffen. In der Tat steht heute über einem großen Teil der Verwaltungstätigkeit die Aussicht auf verwaltungsgerichtliche Nachprüfung[352]. Das führt zu unangenehmen Folgen. Entweder resignieren die Behörden, wie es tatsächlich beobachtet werden kann, und überlassen die letzte Entscheidung und damit die Verantwortung für eine Verwaltungsmaßnahme dem Richter, oder aber die Behörden werden veranlaßt, nur sehr sorgfältig vorbereitete Maßnahmen zu treffen, damit diese Maßnahmen in einem Verwaltungsstreitverfahren standhalten. Das ist für den Bürger unbestritten ein Vorteil. Jedoch kostet die Sorgsamkeit Zeit und macht einen großen Aufwand erforderlich. Das wirkt sich wiederum nachteilig für den einzelnen aus, der an einer schnellen und möglichst kostenmäßig billigen Entscheidung interessiert ist. Nicht zu übersehen ist die Aufblähung des Verwaltungsapparates, die den steuerzahlenden Bürger auf den Plan ruft. Fügt man dem hinzu, daß eine ständig drohende Überprüfungsmöglichkeit auch die Entscheidungsfreudigkeit des einzelnen Verwaltungsbeamten lähmt, so wirkt es nicht allzu überraschend, wenn die Vorteile der Generalklauseln in Zweifel gezogen werden, zumal sie in ihrer gegenwärtigen Anwendung das Gleichgewicht der Gewalten zu zerstören scheinen. Standen in früheren Zeiten einseitig Verwaltung und Legislative im Vordergrund, so verkehrt sich diese Konstellation nunmehr in ihr Gegenteil. Der „Trend", möglichst alle Verwaltungsentscheidungen justiziabel zu machen, wird in absehbarer Zeit dazu führen, daß einseitig die richterliche Funktion im Vor-

---

[350] Verwaltungsarchiv 48, 442.

[351] a. a. O., S. 20.

[352] Vgl. die Glosse in NJW 57, 251.

dergrund steht. Bedeutet jede Störung des Gleichgewichts der verschiedenen Gewalten eine Gefährdung des Rechtsstaates, so ist es nicht übertrieben, eine solche Gefährdung für die nahe Zukunft zu befürchten.

Die Ursache für die negative Auswirkung der Generalklauseln liegt darin, daß man die Möglichkeiten, die sie bieten, nicht nur bis zum letzten ausschöpft — das ist das gute Recht eines jeden einzelnen —, sondern darangeht, durch Anerkennung immer neuer durchsetzbarer Rechte — z. B. des subjektiv-öffentlichen Rechts auf fehlerfreien Ermessensgebrauch — der richterlichen Tätigkeit auf Kosten und zum Schaden einer eigenverantwortlichen und im Rahmen der Gesetze tätigen Verwaltung ständig neue Bereiche zu erschließen. Damit werden Gefahren für den Rechtsstaat heraufbeschworen. Die Grenzen des Vertretbaren sind m. E. bereits überschritten.

Die Einführung immer neuer „Rechte“ und die daraus folgende Auflösung des Rechtssystems in Anspruchsbeziehungen als Ausdruck eines übersteigerten Liberalismus kann sich leicht zu einer Krise des Rechtsstaates auswachsen. In einem Staat, in dem es letztlich nur „Anspruchs-Gegner“ gibt, kann es leicht zu einem scheinbar legalisierten „bellum omnium contra omnes“ kommen, weil der Sinn für das Gemeinsame schwindet. Das beeinträchtigt das bonum commune ebenso wie z. B. den Blick auf eine Rechtsordnung, die — aufgelöst in Anspruchsbeziehungen — nicht mehr zu überschauen ist. Eine Rückführung von Rechten auf das erträgliche Maß ist darum nötig, soll der soziale Rechtsstaat erhalten bleiben.

So lautet das Ergebnis dieser Arbeit, daß ein subjektiv-öffentliches Recht auf fehlerfreien Ermessensgebrauch de lege lata nicht anerkannt werden kann, jedes Eintreten de lege ferenda für dieses Recht ohne hinreichenden Grund erfolgt und darüber hinaus Gefahren für den Rechtsstaat heraufbeschwört.

ANHANG

Militärregierungsverordnung 165 (VOBl. 1948, S. 263)

§ 23

Die Anfechtung eines Verwaltungsaktes kann nur darauf gestützt werden, daß der Verwaltungsakt den Kläger in seinen Rechten beeinträchtige, weil er rechtswidrig sei. Die Klage ist auch bei Nichtigkeit des Verwaltungsaktes zulässig.

Als rechtswidrig ist ein Verwaltungsakt auch anzusehen, wenn die Tatsachen, die ihn gerechtfertigt hätten, nicht vorhanden waren.

Sind die Verwaltungsbehörden ermächtigt, nach ihrem Ermessen zu handeln, so kann die Anfechtung insoweit nur darauf gestützt werden, daß die gesetzlichen Grenzen des Ermessens überschritten seien, oder von dem Ermessen in einer dem Zweck der Ermächtigung nicht entsprechenden Weise Gebrauch gemacht worden sei.

. . .

§ 24

Eine Klage auf Vornahme eines beantragten Verwaltungsaktes kann nur darauf gestützt werden, daß der Kläger einen Rechtsanspruch auf die Vornahme habe und daß die Verwaltungsbehörde den Antrag abgelehnt oder ohne zureichenden Grund innerhalb von zwei Monaten nicht beschieden habe.

Die Vorschriften des § 23 Abs. 2 und 3 gelten entsprechend.

Gesetz über die Verwaltungsgerichtsbarkeit (VGG) für Bayern, Bremen, Hessen und Württemberg-Baden von 1946/47

§ 35 I (Bayern und Hessen)

Die Anfechtungsklage ist gegeben, wenn jemand behauptet, durch einen Verwaltungsakt in seinen Rechten verletzt zu sein.

. . .

§ 36

Soweit Behörden ermächtigt sind, nach ihrem Ermessen zu befinden, kann die Anfechtungsklage, wenn nicht gesetzlich etwas anderes bestimmt ist, nur darauf gestützt werden, daß von diesem Ermessen nicht im Sinne des Gesetzes Gebrauch gemacht sei, insbesondere, daß Ermessensmißbrauch vorliege.

Gesetz über das Bundesverwaltungsgericht vom 23. 9. 1952

§ 15

Die Anfechtungsklage kann nur erheben, wer behauptet, durch einen Verwaltungsakt in seinen Rechten verletzt zu sein.

Ermessensentscheidungen sind nur anfechtbar, wenn geltend gemacht wird, daß das Ermessen überschritten oder mißbraucht worden sei.
...

FSC
www.fsc.org
MIX
Papier | Fördert gute Waldnutzung
FSC® C083411

Kolibri 360 GmbH
Ferdinand-Jühlke-Straße 7
99095 Erfurt, Deutschland
produktsicherheit@kolibri360.de